오랜 친구들과 시칠리아

Sicily With Old Friends

오랜 친구들과 시칠리아

Sicily With Old Friends

석훈 여행산문집

좋은땅

시칠리아

| 추천사 |

배재대학교, 한창석

    요즘 나는 손주의 웃음에 하루를 보낸다. 앙증맞은 손을 잡고 길을 걷다 보면, 인생이란 결국 사랑하는 이들과 함께 걷는 길이라는 생각이 든다. 이번 시칠리아 여행은 그런 내 삶의 한가운데에 깊이 스며들었다. 친구들과 보낸 시간, 그 모든 순간들이 내 마음의 오래된 서랍을 하나씩 열었다.

    이 책은 그 서랍 속 이야기들을 꺼내어 조심스레 펼쳐 보여 주는 기록이다. 사진보다 더 선명한 우정. 글을 쓴 친구의 손끝에서 전해지는 따뜻한 진심. 나이 들어 친구들과 함께 여행을 다녀왔다는 사실만으로도 충분히 감사한데, 그 이야기가 한 권의 책이 되었다는 건 그 무엇보다 소중한 선물이다.

    지금 이 책을 읽는 당신도, 소중한 누군가의 얼굴을 떠올리게 되기를 바란다.

    삶은 결국, 함께 걷고 싶은 사람들과의 시간으로 남는다.

한의사, 윤효중

한의학에서는 몸이 스스로 회복할 수 있는 힘, '자생력'을 가장 중요하게 본다. 나는 '사람 사이에도 자생력이 있다.'는 걸 처음으로 느꼈다.
여행하면서 우리는 서로를 낫게 했다. 함께 밥을 지으며, 낯선 길을 걸으며. 그 시간은 마치 지친 삶에 약재처럼 스며들었다. 이 책은 그런 치유의 기록이다. 친구라는 처방, 여행이라는 탕약, 그리고 문장 하나하나에 깃든 따뜻한 맥박. 글을 읽는 동안, 나도 모르게 마음이 정돈되고 숨이 깊어졌다. 이 책은 잠시 멈춰 설 수 있는 작은 쉼표가 되어 줄 것이다.

산부인과 의사, 김선근

살면서 우리는 많은 것을 기억하지만, 정말 깊이 남는 건 결국 함께한 사람들과의 시간이다. 이 책은 그 사실을 다시 일깨워 주는 책이다.
나는 매일 생명의 탄생을 지켜본다. 그 순간마다 느끼는 건, 삶이란 결코 당연하지 않다는 것이다.
이국의 햇살, 낯선 골목, 예상치 못한 사건들과 우리들의 이야기. 친구는 말없이 바라보던 장면들을 오래도록 간직하고 있었고, 그 모든 순간을 이렇게 한 권의 책으로 꺼내 주었다.

국가철도공단, 김성훈

시칠리아 여행을 다녀온 후, 오래도록 잊히지 않는 한 장면이 있다. 친구들 모두가 해안가에 나란히 앉아 바다를 바라보던 순간이다. 아무도 말하지 않았지만, 우리는 그 순간이 소중하다는 걸 알고 있었다. 말보다 앞선 우정이 이 글 안에 담겨 있다.

살면서 몇 번이나 그런 시간을 가질 수 있을까. 그 기록이 지금 내 손에 있다. 그래서 이 책은, 여행 이야기를 넘어선다. 우리 삶에서 진짜로 소중한 것이 무엇인지, 조용히 되묻게 해 준다.

치과의사, 송정호

나는 매일 수많은 이를 진료하면서도, 정작 내 마음속은 들여다보지 못할 때가 많았다. 오랜 친구들과 함께한 시칠리아는 마치 내 안의 묵은 긴장을 하나씩 풀어 주는 과정 같았다. 이 책에는 그 모든 순간이 조용히, 그러나 생생하게 기록되어 있다.

여행이란 결국, 내가 누구인지를 되짚어 보는 길이라는 걸 나는 이번 여정을 통해 비로소 알게 되었다. 이 책을 읽는 누구든, 잠시 멈춰 서서 자신의 마음을 들여다보는 시간을 가질 수 있기를 바란다. 마음도 정기검진이 필요하다면, 이 책이 그 첫 번째 진료실이 될 수 있다.

직장인, 황성균

"혹시 시칠리아로 떠나고 싶은가요?

그렇다면 이 책이 가장 좋은 예행연습이 되어 줄 겁니다."

나는 사람 만나는 걸 좋아한다. 여행도, 결국 사람과의 이야기라고 생각한다. 이번 여행도 그랬다. 멋진 풍경보다 진짜 기억에 남는 건 사람들이었다.

우리가 함께 밥을 차리고, 웃고, 토닥이던 그 모든 장면이 이 책 안에 살아 있다. 책장을 넘기다 보면, 마치 다시 시칠리아의 햇빛 속으로 들어가는 기분이다. 이건 사람 냄새나는 기록이다. 그리고 나는 그런 여행을, 그런 책을 좋아한다.

함께했던 순간들을 이렇게 글로 남겨 준 친구에게 고맙고, 이 책을 읽을 누군가도 그 따뜻함을 느낄 수 있기를 바란다.

변호사, 김종국

여행은 결국 선택의 연속이다. 어느 길로 갈 것인지, 어떤 대화를 나눌 것인지, 그날의 저녁을 무엇으로 할 것인지. 이번 여행의 모든 선택은 정말 훌륭했다고 말하고 싶다. 그리고 그 기록이 한 권의 책이 되었다는 사실이, 나는 괜히 자랑스럽다.

이 책은 한 사람의 여행기가 아니라, 열 명의 시선이 모여 이룬 공동의 풍경이다. 법정을 나서는 순간 나는 한 명의 여행자다. 그리고 이 책은, 여행을 사랑하는 모든 이들에게 건네는 아주 좋은 동행의 초대장이다.

국립박물관, 박춘수

요즈음 나는 내 인생의 진정한 황금기를 보내고 있다고 생각한다. 시간에 쫓기던 젊은 날에 비해 주변을 둘러볼 수 있는 여유가 있는 삶이 정말 좋다. 이번 여행은 삶의 여유를 누리고 친구들과 우정을 나눌 수 있는 좋은 계기였다.

내가 평생 공무원으로 살아오며 느낀 건, 결국 사람이 전부라는 사실이다. 이 책에는 사람이 있고, 인생이 있다. 책을 읽다 보면 어느새 나도 시칠리아 골목 어귀에 서 있는 기분이다. 그곳에서 우리는 잠시, 아주 좋은 사람이 되었다.

농장 대표, 박기성

나는 언젠가 꽃으로 가득 찬 수국정원을 가꾸고 싶다. 그래서 포클레인을 샀다. 흙을 파고 나무를 심어 꽃이 뿌리내릴 자리를 만들기 위해서다.

이 책에는 우리가 함께 걸었던 시칠리아의 길이 고스란히 살아 있다. 타오르던 태양도, 숙소 마당에서 피어오르던 생선 냄새도, 그리고 에트나의 거친 바람도, 우리들의 시간이 페이지마다 숨 쉬고 있다. 책장을 넘길 때마다 그날의 마음이 새록새록 다시 솟아난다.

묵묵히 여행을 기록해 준 친구에게 깊이 감사한다. 그리고 이 책을 펼칠 당신에게도, 언젠가 수국이 만개한 정원처럼 마음 한편에 소중한 길 하나가 자라나기를 바란다.

| 프롤로그 |

  삶이 제 속도를 찾기 시작하는 나이. 젊은 시절처럼 앞만 보고 달려가기도, 그렇다고 멈춰 서기에도 이른 그 시간. 우리는 문득 묻기 시작한다. 지금의 나는 누구인가. 그리고 이제 어디로 향할 수 있을까.
  예순을 앞둔 어느 날, 오래된 친구들과 나눈 대화에서 이 여행이 시작되었다. "한번 제대로 떠나 볼까?" 누군가 던진 말 한마디가 우리 모두의 마음을 움직였다. 지중해의 뜨거운 햇살과 고대의 신화가 살아 숨 쉬는 그 섬은, 마치 우리가 찾고 있던 답을 품고 있는 것만 같았다.
  『오랜 친구들과 시칠리아』는 그런 물음에서 출발한 열 명 친구들의 여정을 담고 있다. 타오르는 시칠리아의 햇빛과 마주한 얼굴들, 와인 한 잔에 녹아든 시간의 농도, 그리고 검붉은 화산재 위에 새겨진 우정의 발자국들을 진심으로 기록하였다.
  살다 보면 어느 순간 정리의 시간이 필요한 때가 온다. 이유는 명확하지 않지만, 이쯤에서 한 번쯤 표식을 남겨야겠다고 느끼는 순간들 말이다. 여행을 시작하기 전부터 줄곧 그런 생각에 사로잡혀 있었다. 나는 시칠리아의 시간을 하나의 매듭으로 묶어놓고 싶었다. 그래야 나의 길이 다시 열릴 것만 같아서였다.

프랑스 철학자 파스칼 뷔르크네르는 『아직 오지 않은 날들을 위하여』라는 책에서 삶에 대한 견해를 이렇게 적었다.

"성공한 삶보다는 자기를 실현한 삶이 중요하다. 예측하지 못한 곤란 앞에 마음을 열고, 손익 계산에 얽매이지 않으며, 비록 거의 끝에 다다랐어도 미래의 힘을 믿는 삶 말이다."

에트나 화산이 수천 년 동안 분출하며 새로운 대지를 만들어 내듯, 우리의 인생도 계속해서 새로운 층위를 쌓아 가고 있다. 내가 만난 낯선 풍경은 오히려 '자신'을 더 깊이 들여다보게 만들었다. 나는 퇴장이 아니라 다시 '입장'하는 인생의 후반전을 생각하며 그날의 기억들을 꼭꼭 눌러 적었다. 미래의 힘을 믿는 삶을 살고 싶었기 때문이다.

| 목차 |

추천사　6

프롤로그　12

1부
현실과 꿈 사이, 여행의 문턱에서

돈을 모으자 - 강한 연대를 위한 법칙	18
그래, 가자, 시칠리아 - 우리 중에 여기 가 본 사람 없지?	21
차라리 패키지로 할까? - 출발 8개월 전 고민거리	25
단체로 티셔츠를 맞추자고? - 아재들 티 낼 일 있냐	29
퇴직하고 혈압약 - 아프니까 중년이지	35
수영을 할 수 있을까 - 수영복 챙겨, 말어?	37
사냥 본능 - 무리 지어 노는 재미	39
날 잡고 서치 - 탁상공론	42
여행을 더욱 풍성하게 만드는 방법 - 괴테의 『이탈리아 여행기』를 읽고	46
One bed per person - 계획, 로마에서의 하룻밤	51
출발 3시간 전 - 몸 풀다 지친다	54
어느 자리가 좋을까 - 비행기 자리 배치	56
기대된다, 정말 - 세상일이 계획대로 돌아가나	59

2부
시간이 멈춘 섬, 시칠리아에서 찾은 것

15계단 – 난 넘어갈 테니까	66
더운 도시 로마, 소소한 기억 – 테르미니역을 기억하기	69
낯선 것으로부터의 충전 – 비 내리는 로마의 밤	71
지금부터, 시칠리아 – 떠나는 순간, 우리는 어제보다 자유롭다	75
차가 없다고요? – 우리가 렌트한 차가 없다	79
나도 좋은 방 쓰고 싶다 – 신발 던지기	84
피아차 두오모 광장에서 – 좋을 때다	88
약자들의 숨은 공간, 에리체(Erice) – 천공의 마을 에리체	94
새로운 규칙과 관습을 존중해 달라 – ZTL(Zona Traffico Limitato) 딱지를 끊었다	102
신들의 땅, 아그리젠토 – 아크라가스(Acragas)	105
시칠리아 힐링타임 – 여기는 시실리	111
에트나(Etna) – 바람의 산	119
유연하고 열려 있는 사고 – 이런 마인드를 갖기가 쉽지 않은데	127
바다와 자유 – 오르티지아(Ortigia)의 현인	130
탁월한 요리를 찾아서 – 파인다이닝, 매번 이럴 수는 없지만	140
품격 있는 식사 탐험기 – 우리의 여행은 재즈와 닮았다	147
시칠리아 화산 와이너리 – 화산이 터진다는데 와이너리에 가자고?	153
인생 최고의 선물 – 여행에서 만난 사람	163
영화〈대부〉를 기억하는 마을 – 사보카(Savoca)	167
5억 1번째 방문자로서 – 타오르미나 원형극장에 앉아서	174
초기 인류의 사회적 본능 – 오르티지아 시장에서 생굴 하나 와인 한 잔	183

여행지의 평범한 아침 – 대서양의 일출	187
유레카(Eureka)가 여기라고? – 아르키메데스	191
시칠리아에서 욕먹은 이야기 – 이런 일도 있다	195
누구냐, 넌? – 프렌즈(Compagno)	200
시칠리아, 기대와 현실 사이 – 낭만을 꿈꾸고 현실을 마주하다	207
우아한 생존의 기술 – 천년의 섬이 전하는 유연한 삶의 비밀	211
가장 강렬한 시칠리아 도자기 – 도자기에 새겨진 사랑과 복수의 흔적	214
네렐로 마스칼레제(Nerello Mascalese)	217
바다, 두려움과 용기의 경계에서 – 반드시 겸손하기를	224
어딘지 모르게 닮았단 말이지 – 콜라페쉐의 전설(Leggenda di Colapesce)	230
길을 잃었다 – 내 마음의 갈 길이 아니라	233

3부

시칠리아, 가장 기억에 남는 순간

파인다이닝을 찾아가던 날	240
그날의 밤바다	243
친구들과 함께한 시간	245
멋진 체팔루	247
에트나 화산으로 가는 길	252
수영했던 날 기억하지?	256
기억 속의 화산	259
화산을 기억하는 이유	262
무너지기 전에	265

1부

현실과 꿈 사이,
여행의 문턱에서

돈을 모으자

강한 연대를 위한 법칙

 누가 먼저 말을 꺼냈는지는 기억엔 없지만 우리는 돈을 모으기로 했다. 자본주의 사회에서 일을 추진하는 가장 강력한 동기는 뭐니 뭐니 해도 역시 돈이다. 해본 사람은 알겠지만 말로 백번 떠드는 것보다 통장에 자동이체를 걸어 놓는 것이 훨씬 효과적이다. 어디로 갈지, 언제 갈지는 나중에 정하면 되는 거고, 우리 죽기 전에 다 같이 여행 한번 가 보자. 환갑 여행 한번 해 보자. 이게 전부였다. 그래서 일단 돈을 모으기로 했다.

 멤버들이 이체하는 돈이 통장에 차곡차곡 쌓여 가는 것을 보는 재미가 생각보다 쏠쏠하다. 생각해 보라. 나는 십만 원을 냈는데 매달 모임 통장에 찍히는 돈이 백만 원이라면. 이렇게 두세 번만 돌아도 늘어 가는 숫자가 장난이 아니다. 그 옛날에는 총무가 결산해 주기 전까지 다른 멤버들은 딱히 잔고를 확인할 수 있는 방법이 없었다. 그저 믿고 맡기는 게 전부였던 시절이 있었다. 어떤 놈이 작정을 하고 먹튀하는 순간 판이 깨지는 건 일도 아니었다. 죽일 놈 살릴 놈 해 보았자 어쩔 도리가 없었다. 일이 벌어지고 난 다음에 뒷수습하는 것이 전부였으니 욕이나 한 바가지씩 쏟아 내는 수밖에.

물론 지금도 완벽하다고 할 수는 없지만, 기술이 발달하면서 멤버들은 누구나 모임 통장의 잔액을 동시에 볼 수 있게 되었다. 이 일을 당연한 듯 받아들이는 젊은 세대는 이 획기적인 사건의 의미를 알아차리기 힘들다. 마치 CCTV와 같은 효과를 낸다고 할까. 통장 잔액을 모두가 같이 볼 수 있다는 사실이 별일 아닌 것 같아 보여도 곰곰이 생각할수록 크게 박수 받아야 마땅한 일이다.

일반적으로 우리가 겪어 본 은행은 인증서 깔고, 비밀번호 치고, 본인 확인하는, 어둡고 깐깐하고 폐쇄적인 그 어떤 곳이었다. 그런데 어느 날 카페 리모델링하듯이 손바닥만 했던 은행시스템의 작은 유리창을 시원한 통창으로 확 바꾸어 버린 것이다. 더 투명하고 협력할 수 있는 기초를 만든 셈이다. 잘 모르긴 해도 언젠가 은행 없이 돌아가는 블록체인 세상이 펼쳐지는 날이 온다면, 고객의 멘탈을 잡아 주는 안심 기능 그리고 검증 가능한 투명성이 그 바탕이 되어야 하지 않을까. 그것이 미래 금융의 본질이 아닐는지.

우리 친구들은 지금껏 쌓아 온 은행에 대한 경험치가 각각 다르다. 그래서 이런 유형의 서비스에 모두가 익숙할 수가 없다. 한 친구가 통장 잔액을 공유할 수 있다는 말은 태어나서 처음 듣는 얘기라고 했다. 그 바람에 옆자리에 앉은 녀석이 졸지에 일타 강사가 되었다.

"나도 잘 모르긴 하지만 넌 해도 너무한다."

말을 한자리 깔아 놓고 친구의 핀잔 섞인 설명이 시작되었다. 이 어플을 깔아야 된다. 비밀번호 만들어라. 네 통장에서 자동이체 해라. 여기로 들어가서 이걸 누르면 잔액이 보인다. 그러면 누가 냈는지 안 냈는지 한눈에 알 수 있다. 옆 테이블에 앉은 사람들의 눈치가 보일 정도로 목소리는 점점 높아졌지만 특강은 한참 동안 계속되었다. 그러자 묵묵히 듣고만 있던 친구가 한 마디 툭 던졌다.

"그냥 한 달에 한 번씩 송금할게."

어찌 되었든, 우리는 다 같이 돈을 모으기로 했다.

그래, 가자, 시칠리아

우리 중에 여기 가 본 사람 없지?

　어감상 시칠리아에서 '시칠'이라는 단어가 입에 착 감긴다. '리아'는 이탈리아 할 때 '리아'와 같다. 분명히 어떤 뜻이 있기는 할 텐데. '이탈'이라는 말보다 '시칠'이라는 말이 더 비밀스러운 느낌이다. 굳이 검색해서 알고 나면 이 신비감이 깨질까 봐 나는 애써 자판을 두드리지 않는다.

　나는 그리 쉽게 알려 하려 하지 않았다는 것만으로도, 이미 그 이름이 건네는 미묘한 이끌림에 절반쯤 사로잡혀 있었던 셈이다. 아무런 정보도 없이 그냥 떠날 수만 있다면 그 빈 저장공간의 여유가 왠지 시칠리아 느낌과 잘 맞을 것 같다는 생각도 들었다.

　그래도 스페인 정도는 가 줘야, 왠지 있어 보이고 멋있지 않겠느냐고 친구가 말했다. 나는 사실 멋으로만 따져 본다면 스페인보다는 시칠리아가 더 멋있어 보이는 거 아니냐고 했다.

　시칠리아는 마피아도 있다. 알 카포네가 인상 쓰고 시가를 물고 담배연기 뿜어대며 기관총으로 적들을 쓸어버리는 거기가 바로 시칠리아다. 실제로 그럴 리야 없겠지만, 역시 수컷들은 반응하는 포인트가 달랐다. 스페인 성당 이야기를 할 때는 소 닭 쳐다보듯 시큰둥하더니만 시끄럽고 정신없는 술집 안에서도 마피아라는 단어 한마디에 모두가 시선을 집중했다. 소주잔을 시원하게 한 잔 들이켜고 나서 친구가 물었다.

"그거 좋다. 그거 좋아. 그럼 마피아 보러 가는 거냐?"

모든 귀가 한쪽으로 쏠렸다.

"시칠리아가 어디 있는 건데?"
"이탈리아 남쪽이네. 섬이네, 섬."
"서어엄?"

지난 모임에서 시칠리아는 후보지역으로 살짝 언급이 됐지만 금세 관심 밖으로 사라졌었다. 누군가 '너무 멀다'고 말하는 바람에 갑자기 우선순위가 뒤로 밀린 곳이다. 얼마나 멀기에 검색해 보기도 전에 화제는 다른 곳으로 돌았다. 한 달 전에는 튀르키예였다. 그때는 다들 튀르키예가 좋다고 찬성하더니 다들 속마음은 마땅치 않았다는 말이다. 충청도는 이런 식이다. 다들 좋다고 해서 합의했지만 사실 거기도 괜찮다는 말이 거기가 좋다는 게 아닐 수도 있다.

예를 들어 국회의원 후보가 악수를 청할 때 충청도 사람이 알았다고 하면서 활짝 웃었다고 치자. 그렇다고 해서 내가 당신을 찍어 주겠다는 말이 아니다. 그냥 알았다는 말이니 오해하면 큰일 난다. 그저 당신 입장을 충분히 알아들었으니 하던 일이나 열심히 하라는 심오한 충청도식 화법이다. 그래서 매번 여론조사가 골탕을 먹는 지역이 충청도다. 알아 두어야 할 사실은 이번 여행의 멤버들은 모두 오리지널 충청도맨들이라는 점이다.

어느 여름날 나는 한 여행 작가의 강연에 참석했다. 에어컨 바람이 시원한 강의실 한쪽에 앉아 화면에 뜬 사진 한 장을 보았다. 오랜 세월을 견디어 온 건물들 사이로 골목길이 뻗어 있고 그 끝으로 바다가 보였다. 지중해 바다 빛이 건물의 흰색 벽과 맞닿아 있어 인스타그램의 한 장면을 보는 듯했다. 그리고 두 시간 동안 시칠리아를 들었다.

시칠리아는 유럽에서는 유명한 휴양지이지만 아직 한국에는 덜 알려진 지역이라는 점. 남부 이탈리아보다 더 남쪽에 있는데 볼거리, 먹을거리가 많다는 사실. 그리고 그곳 사람들이 우리네처럼 속정이 많다는 이야기 등이었다. 며칠 지나지 않아 강의 내용은 포맷되어 사라졌지만 아마도 그때가 시작이었을 것이다. 언젠가 여행을 하게 된다면 저곳이 좋겠다는 막연한 생각을 했다. 우리 멤버 중 그 누구도 가 본 적이 없는 땅. 있어 보이는 섬. 그래, 가자. 시칠리아. 우리는 시칠리아로 정했다.

차라리 패키지로 할까?

출발 8개월 전 고민거리

 여행사 패키지로 결정하면 일은 간단해진다. 시칠리아에 대해 아는 것이라고는 이탈리아 남부의 섬이라는 게 전부인 사람들끼리, 하나하나 알아 가면서 여행 일정을 계획하는 것이 그리 만만한 일은 아니다. 게다가 열 명이 동시에 움직인다면 얘기가 달라진다. 제일 고민거리는 현지에서 이동하는 교통편이다. 유튜브로 사전 조사를 해 보니 아무리 크다고는 하지만 역시 섬은 섬이다. 도시에서 도시로 이동하는 교통도 유럽대륙처럼 발달한 곳은 아니다. 영상으로 본 도로는 협소하고 아슬아슬하며 제법 위험해 보이는 곳도 많아 보였다.
 당장 떠오른 대안은 렌터카를 이용하는 것이다. 사람이 열 명이고 캐리어까지 생각한다면 족히 작은 버스 한 대는 필요하다. 그리고 그 차를 운전할 사람도 있어야 하는데 이럴 바엔 차라리 전담 기사를 고용하는 편이 수월해 보인다. 섬이라서 주차하는 데도 애로사항이 있다. 도시는 주차 금지구역이 있고 내가 묵는 호텔이라 하더라도 사전

승인이 있어야 하는 곳도 있으므로 미리 확인해야 한다. 중형차를 빌린다고 해도 짐을 싣고 서너 명씩 나눠 타게 되면 세 대는 필요하다. 그럼 세 명이 운전대를 잡아야 하는데 현실적으로 힘든 일이다. 렌터카는 멤버들과 세부적인 상의가 필요하다.

대중교통을 알아보니 대도시 간 버스가 운행되고 있다. 다만 시간을 잘 지키지 않는다거나 노선이 단순해서 관광지에 대한 접근성이 떨어지는 아쉬움이 있다. 가고 싶은 곳을 갈 수 없으니 일단은 김이 빠진다. 그래도 장소를 이동을 할 때는 버스를 타고 이동을 하는 편이 수월해 보인다.

어떤 사람은 일부 구간은 기차 편을 활용하라는 조언을 한다. 알아보니 정말 일부 구간이다. 그렇다면 택시는 어떨까. 대안으로 떠오른 택시는 비용도 만만치 않을뿐더러 전 일정을 이용하기에 적합하지도 않다.

나는 여행 전문 사이트에 질문을 남겼다. 그리고 며칠 후 답글이 올라왔다.

> 시칠리아 여행계획 하고 있는데 렌터카 남성 10명 차량 가능할까요? 10일 정도입니다. 두 대로 나누어 타야 하는지요? 대형렌터카는 가능할까요? 그냥 패키지 맡길까요? 고민 해결해 주세요.

> [쭈니쭈니 1]
> 기사 포함 10인승 밴 있으면 가능할 건데요. 그럼 짐을 못 싣지 않나요?

[sunnys민]
밴은 좁은 길 다니는 것도 만만치 않을 것 같긴 한데… 5명씩 타도 짐 때문에 잘 고르셔야 할 듯해요.

[네덜란드 시골동네]
두 대 렌트하셔야 될 겁니다. 한국에서 1종 보통이라고 하더라도, 여기서 9인승까지 운전이 가능할 거예요.

숙소에 대한 고민은 좀 다르다. 호텔만 잡아서 돌아다닌다면 별문제 없겠지만 에어비앤비에 머물고 싶은 욕심이 있어서 그렇다. 다 함께 놀 만한 숙소면서 10명이 편하게 자야 하는데 그만한 곳은 가격대가 하루 100만 원을 호가한다. 코골이가 많아서 한 침대를 두 명이 쓸 수는 없다. 20대 젊은 시절에는 아무런 문제가 되지 않았지만 우리는 이제 그런 나이가 아니다. 싱글 두 개가 있는 트윈 호텔이 아직은 최상의 대안이다.

고민은 머리를 맞대고 해결하는 게 좋다. 그래서 업무를 나누고 분과를 만들 예정이다. 예를 들면 '문화관광팀'을 만든다. 이 팀은 역사에 대한 공부를 해서 가이드 역할을 해야 하고 현지 식사를 예약하고 식사를 책임지는 팀이다. 단체 티셔츠를 맞추는 일도 이 팀에서 책임지고 만든다. 또는 '기획재정팀'에서는 예산 집행에서 관리까지 그리고 여행계획에서 실행까지 전반적인 책임을 진다. 현지 이동경로나 교통편 결재 등을 책임진다. 명칭은 잘 떠오르지 않지만 다른 팀도 필요하다. 모두 각자 사진을 남기겠지만 공식적인 사진·영상 담당자도 필요하다.

친구들은 한 개 또는 두 개의 팀에 의무적으로 가입해야 한다. 각 팀에게는 여행자 카드를 지급한다. 스스로 팀 스스로 지출 결정을 한다. 물론 전체 한도는 서로 조율해야 하겠지만.

벌써 한 친구가 와이프를 대동하고 며칠 일찍 출발하겠다고 공표를 했다. 거기 가서 우리를 기다리겠다는 것이다. 올 때도 한 이틀 뒤에 온단다. 웃어야 할지 울어야 할지. 부럽기도 하고 야속하기도 하다. 마일리지를 꼭 써야 되겠다는데 말릴 수도 없다.

출발 8개월 전이다. 예상 못 한 변수가 하나둘씩 나타나기 시작한다. 이런 게 여행의 맛이었던가. 한 달에 한 번 모이는 다음 모임에서는 친구들 여권 사본을 한데 모아야 한다. 이제 점점 비행기 티켓팅 시간이 다가오기 때문이다. 머리가 복잡해질수록 자꾸 패키지여행으로 눈길이 간다.

단체로 티셔츠를 맞추자고?

아재들 티 낼 일 있냐

    단체로 옷을 맞춰서 입고 가자고 했다. 여러 모로 기념이 될 테니 단체 티셔츠나 아니면 같이 쓸 만한 모자라도 만들면 어떻겠느냐고 말했다. 시간이 가면 기념품도 될 수 있고 이번 기회에 근사하게 한번 만들어 보는 게 어떠냐고 제안을 했다. 여행을 기획하는 사람 입장에서는 이런저런 아이디어를 떠올리게 마련이다. 혼자 생각에 제법 괜찮은 생각이라고 흐뭇해하며 친구들에게 말을 꺼냈다.

"에이, 뭐 그런 걸 하려고 그래. 아재 티 낼 일 있냐."
"쪽팔리게 단체로 어떻게 입냐."

    그래도 나는 고집을 피웠다. 나에게 여행 기획을 맡긴 이상 단체 서츠 정도는 입고 가야 한다고 줄기차게 주장을 했다. 내가 꼭 해 보고 싶은 일이니 불만이 있더라도 동의해 달라고 설득했다. 완강한 내 입장을 듣고 다들 못 이기는 척 더 이상 반대하지 않았다. 물론 티셔츠 하나 만들어 보자는 친구의 의견에 끝까지 반대 주장을 펼칠 만큼 한가한 사람도 없었다. 셔츠 제작은 C가 맡기로 했다. 그가 감각이 있다거나 이런 일에 능숙해서가 아니라, 그저 시간이 남들보다 좀 여유가 있었기 때문이다. 아마 본인도 부정은 못 할 듯.

가까운 미래에는 이런 일이 일상적인 일이 되겠지만, 나는 AI를 이용해서 로고를 제작했다. 챗GPT에게 말을 걸었다.

'친구들과 함께 시칠리아 여행을 간다. 40년 지기 친구들과 함께하는 여행이다.'
'우정을 주제로 한 문구를 넣어서 여행을 상징하는 로고를 그려 줘.'

놀랍게도 AI는 30초 만에 로고를 완성했다. 그렇게 흡족할 정도는 아니었지만 그래도 이게 어디냐. 저작권 없이 지금 당장 쓸 수도 있고 맘에 들 때까지 변경도 할 수 있다. 그나저나 큰일은 큰일이다. 아, 이 세상 디자이너들은 이제 뭘 먹고사나. 오지랖 넓게 걱정 아닌 걱정을 하면서 다시 자판을 두드렸다.

'로고에 친구들 영문 이니셜을 넣어서 다시 그려 줘.'

새로운 로고가 완성이 되었다. 비록 알파벳이 몇 글자 깨져서 쓸 수는 없었지만 이것도 제법 그럴듯해 보인다.

'이 로고에 화가 고흐의 화풍을 사용해서 다시 그려 줘.'

AI가 답하길,

'고흐의 그림을 그대로 흉내 내는 것은 저작권 문제가 발생하기 때문에 그대로 그릴 수는 없고, 고흐의 붓터치 방법을 이용하여 다시 그리겠습니다.'

리얼 똑똑한 녀석이네. 고흐의 느낌을 살린 로고가 제작되었다. 그런데 내가 쓰는 무료버전은 그림 두세 개를 그리고 나면 작동이 멈추고 하루를 더 기다리게 만든다. 아니면 유료를 사용하라는 메시지가 뜬다. 그래? 그럼 기다리지 뭐. 지금 당장 굳이 유료를 사용할 필요가 없을 때는 쿨하게 그냥 하루를 기다리면 된다. 이것도 언젠가는 유료로 바뀔 수 있겠지만, 시간을 돈으로 환산하는 자본주의 논리가 여기에도 어김없이 적용되었다. 뒷맛은 씁쓸하지만 어쩔 것인가. 그저 받아들일 수밖에.

하지만 제작자 입장에서 생각해 보면 얼마나 많은 시간과 노력이 절약되었으며, 기존의 업무프로세스가 얼마나 혁신적으로 개선되었는지 정말 놀라울 따름이다. AI 이전이라면 일을 맡아 줄 회사와 디자이

너를 섭외해야 하고, 우리의 오더를 정확하게 전달하기 위해 문서작업을 거쳐야 하고, 받은 초안을 확인하고 수정해야 하고, 다시 정정된 내용을 한 번 더 확인하고 또다시 고치기를 반복해야 했다. 이제 그만 더 이상 피곤해지고 싶지 않아서, 아니면 더 이상 왔다 갔다 하는 일이 의미 없다고 생각해서, 그리고 시간과 비용 투자는 이제 그만하고 싶어서. 맘에 쏙 들지 않더라도.

'그냥 그렇게 하지요.'

그동안 이런 일을 할 때마다 최종 결정에 이르기까지 소모되는 에너지가 얼마였던가.

학자들은 얼마 남지 않은 가까운 미래에 인류는 해야만 하는 일이 아니라, 하고 싶은 일을 하며 살게 될 것이라 말한다. 나는 별다른 수고 없이 하고 싶었던 일을 순식간에 마치고 우리들 여행 로고를 들고 의기양양하게 정기 모임에 참석했다. 나는 친구들에게 물었다. 이 로고를 넣어서 셔츠를 제작하려는데 어떻게 생각하느냐.

"이야, 멋지네."
"이걸 어떻게 만들었냐?"
"AI로 만들었다고? 생각보다 좋은데!"

우리의 여행로고

다행인지 불행인지 친구들은 AI로 만든 디자인을 신기해했다. 그리고 감사하게도 내가 대단하고 멋진 일을 해낸 것으로 받아들였다.

"좋네, 좋아. 티셔츠 만들 때 로고를 크게 박아라."

디자인 요금이 공짜인 로고를 티셔츠 가슴팍 한가운데에 커다랗게 박았다.

"나는 100, 나는 105, 나는 흰색, 나는 진한 회색."

우리는 셔츠 선정을 위해 투표를 했고 자신의 사이즈를 총무에게 불러 주었다. 세상에서 가장 빛나고 세상에서 단 하나뿐인 여행로고가 박힌 생애 최초 'AI 디자인 티셔츠'는 이렇게 완성되었다. 그리고 그런 거 만들어서 뭐 하냐고 거품 물던 친구들도 주문을 넣었다. 그것도 일인당 두 벌씩이나.

퇴직하고 혈압약

아프니까 중년이지

 퇴직하고 바로 다음 날부터 혈압약을 챙겨 먹기 시작했다. 진작부터 약을 먹었어야 한다는 의사의 진단을 애써 외면한 건 막연한 두려움 때문이었다. 혈압약을 먹는 순간 나는 더 이상 건강체가 아니라는 일종의 자기 패배감을 숨기고 싶기도 했다. 한번 먹기 시작하면 평생을 먹어야 한다는데, 약병을 항상 곁에 두고 살아가야 하는 삶이라니. 그리고 그 일을 매일매일 반복해야 하다니. 검진 수치를 눈으로 보고도 아직은 아닐 거라는 근거 없는 자신감도 한몫을 했다. 몇 달 지나면 정상으로 돌아오겠지. 지금까지 그래 왔듯이. 진단 후 수개월이 흘렀지만 그런 일은 일어나지 않았다. 이제 받아들일 때가 온 것이다.
 회사에 출근하지 않아도 되는 첫날 아침, 일어나자마자 새끼손톱보다 작은 흰색 혈압약을 입에 털어 넣었다.
 30년 만에 홀로서기가 시작되는 날 그렇게 스스로를 받아들였다. 이제 나도 연로하신 아버님처럼 아침마다 혈압약을 챙겨 먹어야 하는구

나. 이렇게 나이가 드는구나. 울적한 마음에 친구들이 모인 술자리에서 슬그머니 얘기를 꺼냈다.

"야, 다 먹어, 다~"
"혈압약 안 먹는 놈 있냐? 나는 3년 됐다."
"나는 하루에 먹는 알약이 15개다, 15개."
"자랑이다. 인마."
"그거 먹어야 오래 산단다."

먹어서는 안 될 음식의 종류부터 시작해서 약보다 운동이라는 처방, 그리고 맘 편한 게 제일이라는 어른스러운 훈계가 이어졌다. 딱히 새로운 정보는 없었지만 그게 뭐가 대수냐고 낄낄거리는 녀석들 덕분에 이전보다 마음이 훨씬 가벼워졌다.

위안은 이렇게 얻는다. 그래서 친구다. 나에게 일어나는 일은 친구에게도 일어난다. 시칠리아 여행에 먹는 약은 각자 알아서 준비할 것이다. 그러나 혹시 내 혈압약이 부족하더라도 알약 두어 개쯤은 얻어먹어도 될 것 같다. 떠나기 전 누가 무슨 약을 먹고 있는지 미리미리 조사할 예정이다. 그 역할은 의사인 친구 몫이 될 것이다.

수영을 할 수 있을까

수영복 챙겨, 말어?

수영복을 챙겨야 되네 마네 한바탕 시끌시끌했다. 아무리 그래도 그렇지, 10월인데 어떻게 바다에서 수영을 할 수 있겠느냐. 지중해라고 하지만 우리나라하고 위도가 비슷한 것 같다. 그래서 수영까지는 무리 아니냐고 했다. 동남아 정도라면 몰라도 유럽은 수영장 딸린 호텔도 흔치 않기 때문에 이래저래 수영은 어렵지 않겠느냐는 주장도 일리가 있어 보였다. 바다 수영 얘기 하다가 갑자기 호텔 수영을 들고나오는 바람에 혼선은 있었지만 목소리 큰 놈이 이긴다더니 다들 수영은 못하는 쪽으로 수긍하는 눈치다.

이건 아니다 싶어 부지런히 검색을 했다. 그리고 휴대폰으로 사진을 한 장을 들이밀었다.

"이거 봐라. 반바지에 반팔이잖아. 다들 한여름 복장이야. 수영할 수 있다니까. 시월 중순에 올린 건데."

"그래도 시월 달이면 춥지 않나?"
"거기 몇 도인지 검색해 봐."

시칠리아 10월 날씨.
'10월인데도 날이 더워서 물속에 들어가고 싶다는 생각이 막 들었다'는 글이 올라와 있다. 그리고 사진 속에는 시라쿠사 해변에서 해수욕하는 사람들이 북적거렸다. 최저온도 11도. 최고온도 25도. 취미가 수영인 친구가 흐뭇하게 미소를 지었다.

"지중해 바다에서 수영. 생각만 해도 좋네, 좋아."

우리가 시칠리아에 대해 알고 있는 정보는 딱 이 정도 수준이다.

사냥 본능

무리 지어 노는 재미

 학자들이 연구해 보니 사람 몸의 기본 구조와 형태는 옛날이나 지금이나 놀라울 정도로 거의 비슷하다고 한다. 다시 말해 원시 동굴 시대를 살았던 사람 몸의 기능이나 모양새는, 고도로 현대화된 시대를 살아가는 사람의 몸과 크게 다를 바 없다는 것이다. 재미있는 이야기다. 유발 하라리는 원시인의 사체가 아직 남아 있다면 현대의 의사들도 원시인의 몸과 현대인의 몸을 구별하지 못할 것이라고 말했다. 오랜 세월 전해 내려온 우리 몸은 겨우 몇백 년밖에 지나지 않은 현대 문명의 흐름에 맞추어 지금의 시대에 맞는 맞춤형 몸으로 변할 만한 시간이 부족했다. 그래서 우리 몸은 원시시대 포유류의 몸 그대로이며, 그때의 본능과 사고방식을 가지고 있을 수밖에 없다. 기본 세팅 값이 그대로인데 정해진 틀을 갑자기 벗어날 수는 없는 노릇이다. 따라서 인간은 여전히 백 프로 원시인이다.
 우리는 두 패로 무리를 나눴다. 팀을 나눈다는 것은 뭉쳐야 산다는 본

능적인 연대감이 숫구치는 것을 의미한다. 사냥연대. 적군과 아군을 구분하고 힘의 세기를 저울질한다. 승산이 있는 게임인가 아닌가를 순간적으로 가늠한다. 사실 승부의 50프로는 여기서 결정된다. 눈빛에는 생기가 돌고 전투의지가 숫구치는 순간이다. 눈앞의 사냥감을 놓칠 수는 없기 때문이다. 먹이를 잡아 어깨에 둘러메고 당당하게 동굴로 귀환할 수 있는 절호의 찬스가 아닌가. 먹지 않으면 먹히고 마는 벌판 한가운데 우리는 서 있다. 송곳니를 드러내는 야생 동물 대신 빨간 공 두 개, 흰 공 두 개가 당구대 위에 놓여 있다. 초록색 당구대는 아프리카 초원의 드넓은 들판을 닮았고, 마사이족 전사가 되어 큐대를 들고 사냥감을 노려본다.

오늘의 사냥감은 '시칠리아 와인 내기'다. 학창 시절부터 지금까지 유구한 세월을 갈고닦은 당구 실력은 사냥 실력과 비례한다. 150, 200, 300. 오늘은 삼 대 삼 무리 사냥이다. 제아무리 고수라 하더라도 혼자서 할 수 있는 일은 아무것도 없다. 사자의 기습 공격도 물소의 뿔 한 방에 나가떨어질 수 있고, 악어의 이빨도 천하무적이 아니다. 서로가 서로에게 먹고 먹히는 전육전식의 현장. 당구수가 대수냐. 여기는 사냥터다.

"여기를 부드럽게 밀어 쳐. 찍으면 안 된다."
"여기 치라고? 그게 있나?"
"있어, 있어. 찍어 치지만 않으면 돼."

거슬리는 그들을 그냥 두고 볼 리가 없다.

"너네들 세미나 하냐? 당구 안 쳐?"

어떤 게임이든 '가락(뱅크샷)에서 만난다'는 아마추어 국룰을 깨지 못하고 결국 마지막 동점 승부를 펼쳤다. 하이라이트는 쿠션이 아니라 가락이다. 무조건 가락 먼저 치는 무리가 사냥감을 가져간다. 9회 말 투아웃. 이쯤 되면 고수도 하수도 필요 없다. 사실 더 무서운 건 하수다. 그냥 질러 버리기 때문에 공이 어떻게 돌아갈지 예측이 안 되기 때문이다. 인생은 운이 칠이고 기가 삼이라 했던가. 그날 이긴 팀은 실력으로 이겼다고 생각하고 진 팀은 운이 나빴을 뿐이라고 생각한다. 그래서 또다시 매치는 성사된다. 과연 누가 사냥감을 차지할 것인가.

'시칠리아 와인 내기'는 우리가 이겼다. 진 팀은 열받았고 당연한 수순으로 다시 내기를 걸어 왔다. 이번에는 시칠리아 해물 안주다. 우리 팀이 또 이겼다. 다음엔 비행기 표라도 걸어야 하는 것 아니냐고 했다. 이러다가 여행 회비를 다 돌려줘도 될 것 같다고, 우리 팀은 그냥 몸만 가도 될 것 같다고 키득거렸다. PC방 가는 온라인 세대는 아니지만 여전히 우리는 우리만의 방식으로 사냥을 즐긴다. 누구에게는 구닥다리처럼 보일지 몰라도 기꺼이 우르르 당구장에 몰려간다. 온라인이니 오프라인이니 그런 개념도 없었던 시절부터 우리는 그렇게 만나서 놀았다. 해야 할 일도 많고 하고 싶은 일도 넘치는 세상이다. 사냥감은 널려 있고 우리의 사냥본능은 여전히 뜨겁다. 겉보기와는 다르게 말이다.

날 잡고 서치

탁상공론

    책상에 앉아 검색. 시칠리아 가는 길.
    뮌헨, 이스탄불, 프랑크푸르트. 와이페이모어를 돌려서 스탑오버 기능을 사용해 보면 이 세 개 도시만 가능하다. 스탑오버를 잘 걸러 주는 게 와이페이모어라 들었었는데 아직 출발이 9개월이나 남아서 그런지 몰라도 로마를 경유하는 항공편은 검색이 안 된다. 원래 그런 길은 없었는지도 모른다.
    난감하다. 시칠리아 가는 길에 로마를 들러서 가자는 의견에 다들 좋아했기 때문이다. 의외로 로마를 아직 가 보지 못한 사람이 더 많다. 나이가 나이니만큼 로마 정도는 다들 한 번쯤은 다녀왔으리라 했는데 현실은 그렇지가 않다. 이유야 여럿이겠지만 여행하기 싫어서 가지 않은 사람은 없다. 그저 매일 일터로 나가야 했으니까, 일을 안 하면 그만큼 타격이 있으니까, 아니면 여행이라는 것 자체가 내 삶에는 아예 존재하지 않았던 사치품 정도의 그 무엇이었으니까, 그렇게 지금까지 그럭저럭 살아온 것이다.

  우리는 자유여행을 하기로 했다. 쉬운 일은 아니다. 생각해 보라. 사람이 서너 명 정도만 돼도 일단 출발부터 하고 닥치는 대로 알아서 돌아다니면 그만이지만, 인원이 열 명이라면 얘기가 달라진다. 호텔을 잡아도 방이 5개고 식당을 예약해도 10명이면 단체손님이다. 택시를 타도 세 대에 나눠 타야 한다. 그래서 하나에서 열까지 방심할 수밖에 없다.

  인천에서 시칠리아까지 직항은 없다. 시칠리아는 두 개의 공항이 있는데 팔레르모와 카타니아다. 여기로 들어가려면 로마를 경유하거나 독일 아니면 튀르키예 또는 중동을 거쳐서 갈 수 있다. 가능하다면 스탑오버를 활용하는 길을 찾아보는 중이다. 그게 가격도 좋고 번거롭지도 않으니까. 아니면 직항으로 로마나 밀라노에 도착해서 1박을 한 후에 이탈리아 국내선 비행기를 타고 들어가면 된다. 이 방법이 현실적이긴 하다. 비행기 수속하는 데 많은 시간을 뺏기겠지만 비행기가 제시간에 이륙하기만 한다면 이게 제일 편한 길이 아닐까.

  기차도 있다. 로마에서 기차를 타고 이탈리아 남쪽 끝까지 간다. 사람들은 기차에서 내리지 않고 기차가 그대로 여객선에 실린다. 여객선에는 철도 레일이 깔려 있어서 사람들은 기차에 탄 채 그대로 배에 실린다. 아마도 배의 크기가 어마어마할 것이다. 그렇게 배에 실린 기차를 타고 3킬로미터 떨어진 섬으로 들어가면 된다. 검색해 보니 소요 시간만 8시간 이상이 걸린다. 하룻밤을 꼬박 잡아야 된다. 물론 번거

롭기도 하고 기차에서 자는 것이 피곤하기는 하겠지만 색다른 경험이 될 것 같기는 하다. 그러나 시간이 많이 걸리고 가격도 비싸기 때문에 추천하지 않는다는 블로그 글도 올라와 있다.

다른 방법은 나폴리에서 야간 페리를 타고 유람선 여행을 하는 것이다. 저녁 8시쯤 출발해서 다음 날 7시쯤 도착하는 일정이다. 페리는 3종류가 있는데 사진으로 보기에도 크기가 상당하고 넓고 쾌적해 보인다. 별이 빛나는 지중해의 밤바다를 페리를 타고 선상에서 보내는 기분은 어떨까. 일몰을 보며 나폴리를 뒤로하고 다음 날 아침 갑판에서 일출을 볼 수 있으니 얼마나 낭만적인가. 만일 이번 여행이 시간적 여유가 충분했다면 아마 나는 이 길을 선택했을 것이다. 불과 몇 백 년 전까지만 해도 사람들은 이 길을 통해 시칠리아로 들어갔다. 18세기 독일 작가 괴테는 이 루트를 통해 나폴리에서 시칠리아로 넘어갔다. 그리고 그 여행을 기록으로 남겼다.

'시칠리아를 가 보지 않았다면 이탈리아를 여행했다고 말할 수 없다'라고 괴테는 말했다. 이탈리아 북부 사람들이 좋아할 만한 말은 아니지만, 호기심을 백배 끌어올리기에는 충분하다.

우리에게는 기차보다 훨씬 더 걸린다는 뱃길 여행을 편안하게 즐길 만큼의 시간적 여유가 없다. 그리고 우리가 왜 바쁘게 사는지 그 이유가 무엇인지 충분히 설명할 수 있다.

아이러니한 점은 우리는 괴테처럼 유명하지도 않으면서 괴테보다 훨씬 더 바쁘게 살아간다는 것이다. 만일 우리의 삶이 지금처럼 이대로 계속 흘러간다면 괴테가 누렸던 여유 있는 시간은 평생 단 한 번도 가져 보지 못할 가능성이 크다.

  지금은 결단의 시간이다.

여행을 더욱 풍성하게 만드는 방법

괴테의 『이탈리아 여행기』를 읽고

　괴테는 20대 중반의 나이에(1774년) 소설 『젊은 베르테르의 슬픔』을 썼다. 그는 이 책의 원고를 한 달 반 만에 완성했다. 이 책은 괴테를 일약 국제적인 문학스타의 반열에 올렸으며, 그를 당대 최고의 셀럽으로 등극하게 만들었다. 책이 발간되자마자 유럽 전역에서는 엄청난 신드롬이 일었다. 책뿐만이 아니라 의류·도자기·향수 등 연관 상품들이 쏟아졌고, 유럽 최초의 베스트셀러 중 하나로 기록되었다. 그러나 그와 동시에 라이프치히, 덴마크, 이탈리아 등에서는 금서로 지정하기도 했다. 그도 그럴 만한 것이 소설 속의 주인공 베르테르를 모방하여 많은 젊은이들이 권총으로 스스로의 목숨을 버리는 이른바 모방자살 사건들이 속출했기 때문이었다. 일부 지역은 베르테르 스타일의 복장도 금지했다. 이를 베르테르의 효과라고 불렀다. 반면 베르테르와 같은 시대 인물이었던 나폴레옹은 이집트 원정을 떠난 전쟁 중에도 이 책을 지니고 다닐 정도로 괴테에게 완전히 빠져 있었다. 그는 이 작품을 유럽문학의 걸작으로 평가했다. 어느 모로 살펴보나 괴테는 분명 문제적인 작가였음은 틀림없었다.

나는 『젊은 베르테르의 슬픔』을 중학교 2학년쯤에 읽었다. 그런데 도대체 이해할 수가 없었다. 이 따위가 어떻게 훌륭한 소설이라 말할 수 있는지, 책의 내용도 작가의 의도도 나로서는 도저히 받아들이기가 힘들었다. 일련번호가 매겨진 세계명작 시리즈 중의 한 권만 아니었어도 아마 쓰레기통에 내다 버렸을지도 모른다. 그때 나는 이 소설을 이해하기에는 너무 어린 나이었다.

편지체로 꾸며진 소설의 형식도 낯설었고, 남의 집 유부녀를 짝사랑한 젊은 청년이 결국 스스로 목숨을 끊는다는 소설의 설정도 나에게는 괴이하기 짝이 없었다. 저자 괴테는 진짜 이상한 사람이라고 생각했다. 어른이 되어 베르테르를 다시 읽어 보지 않았더라면, 나는 아마도 괴테를 여전히 기괴한 사이코 작가로 기억하고 있을지도 모른다.

그런데 그 괴테가 30대 후반에 시칠리아를 여행했다는 사실을 알았다. 그리고 그 여정을 『이탈리아 기행(Italienische Reise)』이라는 책으로 기록했다는 것이다. '세계적인 대문호'라는 타이틀 이전에 여전히 나에게는 애증의 인물로 남아 있는 괴테. 그의 기행문을 집어 들었다.

'여행을 풍성하게 만드는 방법 중의 하나는 여행지와 연관된 영화나 책을 미리 보고 가는 것이다'라는 말에 전적으로 동의한다. 그래서 나는 18세기 괴테가 여행한 시칠리아 여정을 알아보고 싶었다.

현지에 도착해서 괴테가 느꼈던 감흥을 나도 다시 느낄 수 있다면 그 얼마나 멋진 일일까 생각했다. 나는 시칠리아 부분부터 읽어 내려갔다.

괴테는 이탈리아를 여행하는 중 계획에 없던 시칠리아에 가기 위해 나폴리에서 우편 여객선을 타고 바다를 건넜다. 그는 1787년 4월 초 팔레르모에 도착했다. 괴테는 시칠리아의 해변과 주변 경관을 감탄과 경탄으로 묘사했다. 온화한 기후와 식생, 그리고 과학자로서 흥미를 느낀 지질적 특징들까지 시칠리아의 자연은 그에게 큰 영감을 주었다. 특히 기대했던 고대 그리스 유적들과 아름다운 풍광을 눈으로 직접 확인하면서 그는 시칠리아에 대한 강렬한 인상을 가지게 되었다.

그의 여행기에는 아름다운 모습들만 기록된 것은 아니다. 우리는 자동차 두 대를 렌트하기로 했지만 당시 사람들은 마차를 이용했다. 마차를 몰고 팔레르모 시내를 지나가다가, 사람과 말들의 배설물이 섞여 그대로 방치되고 있는 지저분한 도시를 그는 가감 없이 기록했다. 책을 읽으며 눈살을 찌푸리는 괴테의 얼굴이 그대로 그려졌다.

괴테는 시칠리아에 체류하는 동안 총독에게 식사 초대를 받기도 했다. 그는 당시 최고의 유명인사였다. 여행 말미에 프랑스 선박을 타고 메시나를 떠나 이탈리아 본토로 돌아오는 일정을 기록했다. 카프리 섬 근처에서 해류를 만나 위험한 상황에 처하기도 하지만, 다행히도 배가 침몰 직전에 빠져나오는 위기의 순간을 자세하게 묘사해 놓았다. 괴테는 시칠리아 여행을 마치고 나폴리에 도착한 후 친구 헤르더에게 보내는 편지를 통해 시칠리아 여행에 대한 소감을 이렇게 기록했다.

"나는 시칠리아에 관한 위대하고 아름답고 또한 비할 수 없는 생각을 이처럼 명확하고 순수하게 마음에 안게 된 것을 대단한 행복이라고 생각하고 있다.
(중략) 바다와 섬은 나에게 즐거움과 함께 괴로움도 주었지만 나는 만족하고 간다."

18세기 독일의(바이마르공화국) 젊은 시인 괴테가 시칠리아로 떠난 것은, 당시로서는 크나큰 모험이었다. 그는 고전 문화의 원형을 직접 보고 싶어 했고, 새로운 세상을 접하면서 자신의 예술적 영감을 새롭게 일깨우고 싶었다. 그는 시칠리아를 "이탈리아의 모든 것에 대한 열쇠"라고 표현하며, 그곳에서의 경험이 그에게 얼마나 큰 의미를 주었는지 고백했다. 괴테에게 시칠리아는 자연과 인간이 어우러진 경이로운 세계였다. 그가 유럽의 중심에서 바라보던 시선은 시칠리아에서 한층 넓어졌고, 인생에 대한 관점 또한 새롭게 다듬어졌다고 사람들은 말한다.

지금 우리는 괴테와 같은 청년의 시각으로 시칠리아를 바라보진 않는다. 이미 우리들에게 젊음의 열정과 신선함은 지난 세월 속에 무뎌졌을지도 모른다. 하지만 우리는 여전히 우리 안에는 새로운 세계와 다가올 날들에 대한 희망이 남아 있다. 시칠리아 여행이 단순한 관광지를 찾아가는 일정이 아니라, 삶의 여정을 돌아보고 친구들과 함께 지난날을 나눌 수 있는 자리가 되기를 기대한다.

지나온 삶에서 얻은 지혜와 경험은 젊은 괴테가 말하는 색다른 감정과는 다르겠지만, 우리가 마주할 시칠리아의 풍경은 여전히 새로운 감동을 줄 것이다.

이 여행으로 나의 과거를 되짚어 보고, 새로운 감각으로 세상을 재발견하고, 인생의 의미를 한 번 더 생각하는 시간으로 만들 것이다. 그리고 괴테가 시칠리아에서 느꼈던 경이로움은 우리에게도 다시 살아날 것이다.

변한 것은 세대와 나이일지언정, 새로움을 마주하고자 하는 우리의 마음은 그때나 지금이나 여전히 변함이 없기 때문이다.

One bed per person

계획, 로마에서의 하룻밤

여행에서 제일 까다롭고 힘든 일중의 하나는 숙소를 정하는 일이다. 가장 신경 쓰이는 건 거쳐 가는 로마에서의 1박. 남자만 10명. 아무리 침대가 넓다고 해도 '최악의 경우 둘이서 한 침대를 써야 될 수도 있어'라는 말에 다들 기겁을 한다. 나이가 들수록 더 그렇다. 옆 사람이 코라도 골기 시작하면 나머지 사람은 대책 없이 기나긴 밤을 꼬박 새우는 일이 벌어질 수도 있다. 이게 막상 겪어 보지 않은 사람은 결코 이해할 수 없는 참을 수 없는 고통이다. 예민한 잠귀를 가진 사람일수록 보통 고역스런 일이 아니다. 드르렁거리는 소리를 들어 가며 하룻밤을 설치고 나면 하루 종일 힘들고 몽롱하게 보내야 한다.

밤새워 놀아도 쌩쌩하던 그 화려한 젊은 날들과는 차원이 다르다. 여행이고 뭐고 다 포기하고 누워 있고 싶다. 다가오는 밤은 공포다. 누가 얼마나 더 피곤하냐 그리고 누가 먼저 잠드느냐에 따라서 가해자와 피해자가 바뀌기도 한다. 해결책이라면 한 명이 방 하나씩 쓰면 되겠지만 우리는 그 정도 여유까지는 없다. 그래서 방을 같이 쓴다 해도 적어도 침대 하나에 한 명이 쓰는 방법을 찾아야 했다. 최소한의 배려다. 그렇다고 문제가 다 해결되는 건 아니지만 말이다.

대충 자면 되지 뭘 그리 고생스럽게 하냐며 '나는 바닥에서 자도 잘 잔다.'고 하는 친구도 있다. 하지만 설사 잠자리를 대수롭게 여기지 않는다 치더라도 평생 한 번 여행인데 그럴 수는 없다. 잠자리 때문에 일정을 망칠 수는 없지 않은가. 나이가 들면 들수록 잠은 편하게 자야 한다는 옛 어른들 말씀엔 다 이유가 있다.

우리는 우선 로마에서 1박을 하게 되는데 여기는 잠깐 휴식하러 들른 곳이다. 단 하루라도 로마를 찍고 가자는 친구가 있어 불가피하게 하룻밤 묵고 가는 일정이다. 그렇다 보니 숙소의 조건은 일단 공항에서 기차로 40여 분 걸리는 로마 기차역 주변으로 한다. 다음 날 새벽 시칠리아행 국내선을 타야 하기 때문에 이동시간을 줄이면 줄일수록 좋다.

부킹닷컴에 검색조건을 입력했다. 인원은 10명, 방은 5개. 물론 방 하나에 2명씩 방 5개를 찾아 달라는 오더였다. 그런데 내 마음처럼 그렇게 쉽게 검색되지가 않았다. 검색 결과물은 방 5개에 '더블침대 또는 트윈침대'였다. 이 말은 현장 상황에 따라 가능하면 트윈침대를 배정하겠다는 것이다. 현장 상황에 따라? 막상 현장에 가서 트윈침대가 없다면 할 수 없이 더블침대를 써야 된다. 모든 호텔은 이런 조건을 걸고 있다. 여기서 막혔다. 며칠 동안 이런저런 사이트를 모두 돌아가며 검색했지만 내 희망 사항은 불가능한 오더였다. 우리는 트윈침대를 확정적으로 받고 싶은데 검색조건으로 나온 결과는 모두 현장에서 가능하면 해 주겠다는 조건밖에 없었다. '또는'에서 걸렸다. 결정을 못 하고 며칠을 그냥 보냈다.

하루는 문득 예약사이트에서 조건을 바꿔서 검색을 해 보기로 했다. 일단 6명으로 방 3개를 검색했다. 그랬더니 결과가 좀 달라졌다. 놀랍게도 트윈침대를 확정적으로 가지고 있는 호텔이 검색된 것이다. 그렇다면 이것도 가능한 거 아닌가라는 마음으로 4명에 방 2개를 검색했다. 드디어 트윈침대를 보장하겠다는 호텔을 찾았다. 역시 인내심의 승리다. 검색을 포기하고 적당히 타협해서 당일의 요행을 바랐더라면 이런 승리는 없었을 것이다. 우리는 트윈 침대방 3개 예약. 그리고 1인용 더블룸 1개. 트리플룸 1개. 침대는 총 11개를 확보했다. 세 명이 자는 트리플룸에서 1명이 1인용 더블룸으로 옮겨 잔다면 모든 사람이 각각 침대 하나씩 배정받을 수 있다.

예약을 마치고 안도의 한숨을 쉬었다. 아니 이게 뭐라고. 복잡하던 머리가 맑아졌다. 사실 동남아 여행이라면 방 때문에 고민할 일도 없었겠지만 열 명이 로마라면 문제가 다르다. 한 달 넘는 고민을 친구들은 알 리가 없다. 격려의 말은 기대도 않지만 '그냥 예약하지, 뭘 그리 그렇게까지 했냐'는 핀잔을 들을 수도 있다. 그러나 고집 아닌 고집을 피워 가며 나는 One bed per person을 해결했다.

로마에서의 첫날 밤 친구들은 하나의 침대에 한 명씩 잠을 잘 수 있다. 열 명 모두 꿀잠을 잘 수 있다면, 더 이상 무엇을 바라겠는가.

출발 3시간 전

몸 풀다 지친다

    세 시간 후면 가방을 들고 집을 나서야 한다. 여권, 지갑, 달러, 보험 등등 챙길 건 다 챙긴 것 같은데, 어제부터 갑자기 맥이 탁 풀렸다. 기분이 나질 않는다. 연습 게임하다 체력이 방전된 선수처럼.

    다리도 아프고 허리도 쑤시는 것 같고 졸리기도 하고. 아침에 간단히 수영장에 다녀오고 혈압을 쟀더니 138, 141이 나왔다. 거의 한 달가량 120선에서 머물던 혈압이 조금 높아진 것 같다. 동네 병원에서 급하게 혈압약을 처방받았다.

    어젯밤부터 날씨가 갑자기 쌀쌀해졌다. 하루 전만 해도 반팔이 어울렸는데 오늘 아침은 덧옷까지 걸쳐 입어야 편하다. 우리나라의 기온변화가 옷가지 챙기는 데 영향을 주다니. 시칠리아 일기예보를 보면 21도에서 17도까지 쾌청하다는 예보는 변함이 없는데, 왜 나는 한국 날씨에 따라 준비하는 옷가지가 바뀌는 걸까. 반팔과 반바지는 한 벌로 줄이고 가을 옷을 더 챙겨 넣었다. 시칠리아 여행책 한 권을 들었다 놓았다 고민하다가 결국 가져가지 않기로 했다. 막상 도착하고 나면 술 마시고 놀기 바쁠 텐데 언제 책을 집어 들 시간이 생길까 싶기도 했다.

공동으로 준비해야 할 물품은 마트에서 장을 보았다. 라면 5개, 소주 3병, 고추장 등등 개인 필수 품목은 알아서 준비해야 했다. '거기 가서 라면만 먹으려고 그러냐'고 누군가 핀잔을 했지만 다수의견에 조용히 묻혔다. '나가 봐라. 라면이 최고다.' 비슷하게 물건을 각자 나누었는데도 꽤 부피가 있다. 가방이 터질 것 같아 손가방을 하나 더 챙겼다. 아마 공항에서 짐들을 나누어야 할 것 같다.

과연 시칠리아에서는 어떤 일들이 벌어질까. 나는 구글지도 머리말에 이렇게 적었다.

"아이처럼 웃고, 소년처럼 감탄하는 여행"

이것이 이번 여행의 모토다. 사실은 스스로에게 다짐하는 말이다. 이런 거 예전에 다 보았다고 잘난 척하지 않기. 마주치는 새로운 모든 것에 진심으로 감탄하기. 신기한 어린아이의 눈으로 세상을 바라보기. 그래서 많이 웃고 많이 기뻐하기. 예전 여행과 비교하지 말고 지금 여기 여행에 집중하기.

가자.
태어나서 처음으로 세상 구경을 나가는 아이의 마음으로 문을 열었다.

어느 자리가 좋을까

비행기 자리 배치

비행기를 예약했다. 시칠리아행 티켓을 샀다. 여행이 시작되었다. 출발이 7개월이나 남았지만 들뜬 마음으로 단체방에 기쁜 소식을 알렸다. 우리는 일단 로마로 들어갈 것이다. 로마까지는 에미레이트 항공, 로마에서 시칠리아까지 이탈리아 항공을 이용한다.

에미레이트 항공은 가는 길에 두바이를 경유한다. 다섯 시간 정도 대기하고 환승을 하게 되는데, 차라리 다이렉트로 가는 것보다 한 박자 쉬었다 가는 것도 나쁘지는 않을 것 같았다. 두바이 관광을 할 수 있는 스탑오버는 일정상 제외했다. 솔직히 말하자면 직항 국적기 요금이 턱없이 올라 버린 것이 결정적이었다. 국적기는 인당 250만 원을 훌쩍 넘는 데 비해 에미레이트는 180만 원 선이다. 다행스럽게도 대부분 에미레이트는 처음이라며 만족해했다.

이제 좌석 배치다. 10명의 좌석을 어떻게 배치해야 하는가. 단체방에 물어보기도 민망하다. 이제 그만 물어보고 알아서 하라고 할 게 뻔하니까. 그렇다고 뒷말이 안 나온다는 건 아니다. 알아서 하라는 건 알아서 하되 잘 좀 해 보라는 의미다. 그래서 고민이다. 비행기 좌석배치는 퀴즈 풀기처럼 별거 아니면서도 신경이 쓰이는 일이다.

막상 좌석을 배치하려니 어떤 녀석이 창 쪽을 선호할지, 통로 쪽을 선호할지 알 길이 없다. 창 쪽에 앉으면 화장실 가기도 불편한데 누가 창가에 앉으려 하겠느냐는 것이 내 생각이었다. 키 크고 덩치 있는 사람에게 중간 좌석은 거의 지옥이나 다름없다.

친구에게 어떻게 하면 좋을지 물었다. 그는 처음 들어 보는 획기적인 아이디어를 냈다.

"너 나 할 것 없이 모조리 통로에 앉자."

"자, 한번 보자. 옆으로 나란히 앉으면 멤버 중 누군가는 중간에 끼어 앉을 테고 그러면 그 사람은 답답해 죽을지도 몰라. 그러니 생각을 바꿔 보자니까? 여행할 때 꼭 옆에 같이 앉아서 가야 한다는 법이 있어? 없지? 옆으로 가로줄이 아니라 통로 쪽으로 세로줄로 앉으면 되지. 이렇게 앞뒤로 나란히. 물론 옆자리는 랜덤으로 누군가 앉겠지만 그게 뭐가 대수야? 우리끼리 할 얘기도 없는데 좌석을 앞뒤로 배치하자니까. 전원이 통로를 따라서 앞뒤로 앉아서 모두가 편안하게 가는 거야. 어때? 죽이지?"

처음엔 좀 이상한 그림이라고 생각했지만 가만히 듣다 보니, 나름대로 설득력도 있고 그럴듯했다. 나는 통로 백 프로 좌석 배치표를 들고 의기양양하게 모임에 참석했다. 열띤 설명을 듣고 난 후 몇몇 친구들의 표정이 떨떠름해 보였다.

"그래도 그렇지, 얘기도 하고 한잔하면서 가는 게 좋지 않아?"
"나는 창 쪽으로 바꿔 주면 안 되냐? 한 번도 창가에 앉아본 적이 없어서 그래."
"나도 같이 앉아서 가는 게 좋을 거 같아."

알아서 하라던 놈들이 말을 바꿨다. 나는 원점에서 다시 고민해 보겠다고 말했다. 하지만 솔직히 이 문제로 다시 에너지를 소비하기 싫었다. 그나마 혼자 비즈니스 타겠다고 우기는 녀석이 없는 게 얼마나 다행이냐고 스스로를 위로하며, 모두 통로 쪽으로 예약 버튼을 눌렀다. 왜냐하면 내가 피곤했으니까.

기대된다, 정말

세상일이 계획대로 돌아가나

"세상일이 계획대로 돌아가겠어?"

거의 1년 가까이 여행 계획을 세웠다지만, 어설픈 아재들의 여행은 출발부터 삐걱거렸다. 우리는 KTX 역에서 서울 가는 기차를 들뜬 마음으로 기다렸다. 서울에서 공항 가는 기차도 미리 예매를 해 놓았으니 밝은 햇살만큼이나 마음은 여유로웠다. 친구가 로마에서 소매치기 안 당하려고 끈 달린 주머니를 사 왔다고 자랑해서 웃었다.

정말로 여권을 잃어버리면 어떻게 해야 하는 건지, 숙소에 와이파이는 되는 건지, 안 되는 건지, 소주를 너무 많이 사 가는 건 아닌지 시시콜콜한 대화가 이어졌다. 여행의 출발점에서 만난 친구들의 얼굴은 기대와 설렘으로 가득했다.

늦은 저녁 비행기를 타고 가는 만큼 우리에게는 완벽하고도 치밀한 이동 계획이 세워져 있다. 비행기는 물론 기차의 좌석표 배정까지 마치지 않았던가. 공항에서 만나기로 한 다른 팀은 어디쯤 가고 있는지

카톡을 주고받으며 키득거렸다.

"드디어 우리가 가는구나."

마지막까지 못 갈 수도 있다는 말로 연막을 피우던 녀석도 함께했다.

"한 명도 안 빠진 게 제일 신기해."
"안 가면 저만 손해지 뭐."
"누구 좋으라고 안 가냐?"

하지만, 우리가 잊고 있는 것이 있었다. 야생에서 동물이 무리 지어 있을 때 누군가는 반드시 긴장을 유지하고 있어야 한다는 기초적인 정글의 법칙을 말이다. 우리는 바로 옆에 있는 플랫폼으로 기차 한 대가 스르르 들어오는 모습을 물끄러미 바라보았다.

"이상하다. 우리 기차도 들어올 때가 지났는데. 연착인가? 지금쯤이면 도착해야 하는데."
"혹시, 저 기차 아닌가?"
"맞네, 0049. 맞아, 저 기차네."
"야, 우리가 잘못 들어왔다."

제일 앞장서서 들어온 녀석이 승차 플랫폼 번호를 잘못 보았을 것이다. 그리고 나머지는 아무 생각 없이 그 뒤를 따랐겠지. 누구를 탓하며 탓한들 지금 무슨 소용이 있겠는가. 서로 떠들고 웃어 대느라 기차역 안내방송조차 듣지 못했다. 우리가 타야 할 기차는 지금 이 순간 건너편 플랫폼에 들어와 있는데, 우리는 모두 우두커니 서서 기차 구경만 하고 있는 꼴이 되어 버렸다.

각자 손에는 묵직한 캐리어가 하나씩 들려 있고, 보조 가방을 둘러메고 게다가 모자와 선글라스까지 치렁치렁했다. 바로 코앞에 서 있는 기차에서 손님들이 타고 내리는 모습을 넋을 놓고 바라보면서 '분명 뭔가 잘못돼도 단단히 잘못됐구나'라는 생각이 들었다. 이 기차를 놓치면 공항까지 시간이 빡빡할 텐데. 그렇다고 기찻길을 가로질러 뛰어넘을 수도 없는 노릇이었다. 순간 그때 누군가 소리를 질렀다.

"야, 뛰어!"

한 친구가 바퀴 달린 캐리어를 번쩍 들어 어깨에 둘러메더니 지하도 아래로 갑자기 뛰기 시작했다. 나머지도 얼떨결에 우르르 뒤따라 뛰기 시작했다.

TV에서 보기로는 아프리카 누우 떼가 동시에 들판을 달리기 시작하면 중간쯤에 한두 마리는 꼭 넘어지는데. 이러다 누구 하나 넘어지기라도 하면, 그 사람은 악어밥이 되는 거 아닌지. 지하계단을 내려가서 반대편 계단으로 뛰어 올라가자면 아무리 적게 잡아도 이삼 분은 족히 걸릴 텐데. 엉뚱한 생각은 꼬리를 물었다. 이런 거 저런 거 따지다가 10초 날아간다. 닥치고 뛰어. 닥치고 뛰라는 말과 함께 친구가 기차를 향해 고함을 질렀다.

"여기요! 잠깐 기다리세요!"

나는 지금까지 살면서 기차보고 기다려 달라고 말하는 사람은 처음 보았다. '기다려 주시면 안 될까요?'도 아니고 '기다리세요!'라고 소리치는 걸 들었다. 그 목소리가 어찌나 컸던지 아마 역 끝에 서 있는 사람들에게도 다 들렸을 것이다.
만일 기차 시간보다 늦은 손님이 있다면 출발을 기다려 줄 수 있는 규정이 있는 건지 없는 건지는 잘 모르겠지만, 그때 그 기차는 분명히 우리를 기다려 주었다.
헉헉 숨을 몰아쉬며 우당탕탕 뛰어오는 네 명의 아재들이 모두 승차할 때까지 한 손에 깃발을 든 역무원은 우리의 뒤를 끝까지 살폈다. 차려입은 역무원 제복이 그렇게 멋져 보일 수 없었다.
이렇게 전력질주를 해 본 지가 도대체 얼마 만이더냐. 숨이 턱끝까지 차오른 우리는 너 나 할 것 없이 헥헥거리며 가쁜 숨을 몰아쉬었다. 학창 시절처럼 펄펄 날아다닐 수는 없어도 '아직은 죽지 않았다'는 친구의 말에 우리는 서로를 바라보며 한참을 웃었다.

지금까지 살아오면서 내가 계획한 대로 그대로 실행된 일들이 얼마나 될까. 짐작건대 우리의 이번 여행도 계획대로 돌아가지 않을 것이 뻔하다.

중년 이후의 삶은 희망과 절망이 교차하는 시기라고 했다. 어느 날은 희망으로 가득 찬 에너지 넘치는 하루를 보내다가도 어느 날은 좌절과 슬픔이 대책 없이 밀려오기도 한다.

그렇다 할지라도 절망하는 어느 날 때문에 남은 날들의 삶의 계획을 포기할 수는 없다. 어느 날 갑자기 삶의 계획이 바뀌거나 틀어진다고 해도 나는 희망의 삶을 설계할 것이다. 아차, 이게 아니구나 싶으면 냅다 들고 뛰면 되니까.

우리는 무사히 인천공항에 도착해 일행들과 합류했다. 먼저 출발한 친구는 로마에서 만날 것이다.

몇 명은 벌써 지쳐 보였다. 여행이 시작되기도 전에 말이다.

2부

시간이 멈춘 섬, 시칠리아에서 찾은 것

15계단

난 넘어갈 테니까

"세상에서 완벽하게 계급이 존재하는 곳이 어딘 줄 알아? 비행기 안이야."

학교폭력의 실상을 다룬 드라마 〈더 글로리〉에서 비행기 승무원 최혜정은 학창 시절 남사친인 흙수저 손명호에게 이렇게 훈계한다.

"퍼스트, 비즈니스, 이코노미, 그 사이엔 달랑 커튼 하난데 아무도 그걸 못 넘어."

"뭔 개소리야."

손명호는 알아듣지 못한다.

"넌 그냥 한 끼 밥값도 안 되는 돈이나 쳐 받으면서 그렇게 계속 커튼 뒤에 있으라는 소리야. 난 넘어갈 테니까."

비행기는 그녀가 일상으로 체험하는 자본주의 계급사회의 결정판이었다. 비행기의 계급 구조는 단순한 공간적 구분이 아니라, 사람들이 이상적인 삶을 꿈꾸며 신분 상승을 갈망하는 현대사회의 축소판이다. 우리가 타고 가는 에미리트 A380은 2층 전 좌석이 비즈니스석으로 되어 있다. 1층은 이코노미. 나중에 알았지만 비즈니스도 1-2-1으로 좌석을 넓게 배치했다. 퍼스트 클래스에는 샤워스파도 있다.

얼마 전 『벨벳 로프 이코노미』라는 책에서 읽은 내용인데 아랍 에미리트 항공은 퍼스트 클래스 광고를 하는 데 57억을 들여서 할리우드 배우를 동원했다고 한다. 제니퍼 애니스톤. '하늘 위의 특급'이라는 콘셉트로 촬영을 했는데 조회 수가 600만 회가 나왔다. 그런데 케이시 네이 스탯이라는 유튜버에게는 출연료도 안 주고 좌석 협찬만 했는데 6,000만 뷰를 찍었다. 10배다. 사람들은 나와 비슷한 사람이 비슷한 감정으로 인생 최고의 호사를 누리는 데 공감한 것이다.

항공사 입장에서 보자면 다수가 이용하는 이코노미보다 소수의 비즈니스석 수익률이 의외로 높다. 그들은 부자를 상대로 비즈니스 마케팅을 하지 않는다. 놀랍게도 마케팅 포인트는 일반인이 대상이다. 항공사들은 이코노미석에 탑승하려면 반드시 퍼스트클래스나 비즈니스석을 관람하면서 통과하도록 비행기 구조를 만들어 놓았는데, 코로나가 한창일 때 많은 항공사들은 퍼스트 클래스마저도 수익성을 올리기 위해 아예 비즈니스석으로 교체를 했다고 한다.

내가 아는 지인은 자신이 사용하는 모든 카드를 비행기 마일리지 혜

택으로 통일했다. 어떤 카드를 쓰든지 마일리지로 적립되게 만들었다. 어느 날 벌써 이만큼 점수를 모았다고 자랑하면서 자기는 평생 퍼스트 클래스를 한 번 타 보고 죽는 게 소원이라고 했다. 이 추세라면 5년 이내에 그 소원은 이루어질 것 같다고 했다. 그는 사회적 불평등을 비즈니스로 이용하는 항공사 마케팅의 가여운 희생양이자, 자본주의 사회에 의해 길들여진 그릇된 욕망의 덩어리에 불과했다. 항공사는 계급경제를 적절하게 활용하고 있다. 하지만 커튼 너머의 세상을 한 번쯤 경험해 보고 싶은 그의 심정을 이해하지 못하는 것은 아니다. 나는 다른 건 몰라도 그 노력 하나는 정말 대단하다고 좋게 말해 주었다.

비행기 앞쪽으로 가면 2층으로 올라가는 통로가 있다. 마치 호텔 입구처럼 붉은 카펫이 깔려 있는 15개의 계단이 있고 벨벳로프가 드리워져 있다. 불만의 강도는 열망하는 대상과의 거리가 가까워질수록 더 커진다고 했던가. 아마도 최혜정은 매일같이 이 계단을 오르내리며 신분 상승에 대한 욕망을 키웠을 것이다. 붉은 카펫 계단을 올려다보며 부여잡은 꿈은 결국 개인의 선택일 수 있지만, 그것이 과연 그가 염원했던 삶으로 이어질 수 있을지는 다시 한번 생각해 볼 일이다.

우리 비행기는 1층도 2층도 모두 함께 로마를 향해 날아갔다.

더운 도시 로마, 소소한 기억

테르미니역을 기억하기

로마. 친구들과 드디어 '더운 도시' 로마에 입성했다.

사실 나는 10여 년 전에 로마에 온 적이 있다. 가장 덥고 사람도 제일 많은 한여름에 떠난 가족여행이었다. 고등학생이었던 딸아이의 방학에 맞춰야 했기 때문에 어쩔 수 없이 성수기를 택했다.

도착하자마자 우리는 콜로세움으로 달려갔고, 한시라도 시간을 아껴야 한다는 생각에 바로 옆에 있는 이름 모를 유적지를 향해 걷기 시작했다. 이곳 로마라는 도시는 그렇게 큰 사이즈도 아니고, 내가 서 있는 자리 바로 코앞에 다음 목적지가 보이는 경우가 많기 때문에 천천히 걸어 다녀도 충분하다고 생각했다. 그리고 다른 사람들도 다들 그렇게 하는 걸로 보였다.

하지만 그날은 날씨가 너무 더웠다. 장난이 아니었다. 한 여름의 열기가 후끈거렸는데 길가에 철로 된 쇠파이프에 무심코 손을 댔다가 '앗! 뜨거워' 소리가 튀어나올 정도로 모든 도시가 햇볕에 달구어져 있었다.

게다가 관광객은 말 그대로 구름처럼 몰려들었다. 각 대륙에서 로마까지 날아온 사람들의 모습이 고대유적들보다 더 신기하게 느껴졌다. 나는 사람 구경하느라 안내 표지판을 놓치기 일쑤였다. 그래서 코앞의 거리를 빙빙 돌아 한참을 더 걸어 다녔다. 아마 모르긴 해도 이 넘쳐나는 사람들 때문에 로마 온도가 2도에서 3도 정도는 더 올랐을 것이다.

너무 방심을 했다. 뜨거운 태양을 견디지 못하고 아이가 탈진을 해 버렸다. 머리가 어지럽다며 자리에 주저앉아 버린 것이다. 이런 날에는 모자를 꼭 써야 된다고 몇 번이나 말을 했건만, 아이는 아빠의 잔소리를 무시한 대가를 톡톡히 치러야 했다. 물이라도 충분히 마셨더라면 좀 덜할 수 있었을 텐데. 예쁘고 멋진 사진 남기기에 정신이 팔렸던 아이는 자신의 체력이 모두 방전되는 줄도 모르고 뜨거운 로마 거리를 활보하고 다녔다. 우리는 모든 일정을 취소하고 급하게 숙소로 돌아갔다.

나는 아스피린을 사기 위해 테르미니역 근처 모든 약국을 뒤졌다. 문을 닫은 두 군데에서 허탕을 치고 마지막 약국에서 겨우 약을 구할 수 있었다. 아이 소식을 듣고 달려온 숙소 호스트의 손에도 아스피린이 들려 있었다. 못내 걱정스러운 표정으로 돌아가는 호스트를 배웅하고, 아내는 아이의 열이 떨어질 때까지 곁에서 어쩔 줄을 몰라 했다. 우리가 할 수 있는 일이라곤 에어컨을 최고로 틀어 놓고 침대에 누워서 시간을 보내는 방법밖에 없었다. 다음 날 아이의 컨디션이 되돌아올 때까지 꼬박 숙소에 머물러야만 했다. 내가 로마를 더운 도시로 기억하는 이유다.

그런데 지금, 우리가 도착한 로마에는 비가 내리고 있다.

낯선 것으로부터의 충전

비 내리는 로마의 밤

로마.

우리를 환영하는 비가 내렸다. 간간이 내리던 비는 시간이 갈수록 점점 더 거세졌다. 우리는 테르미니역 근처 레스토랑을 찾았다. 작은 레스토랑은 벌써 만석이었고 열 명이 앉을 자리는 없었다. 시간이 늦어 버려 다른 곳을 알아볼 수도 없었지만, 당장 천근만근 지친 몸을 쉴 수 있는 곳이 필요했다. 예상 못 한 장대비가 그칠 줄 모르고 퍼부어 댔다.

우리는 레스토랑 지배인의 안내를 받아 도로 안쪽에 미리 설치해 놓은 야외 텐트로 자리를 잡았다. 검은색 앞치마에 턱수염을 멋지게 기른 남자 종업원이 테이블을 세팅을 하는 동안, 거세지는 빗줄기는 삼각형 텐트 위를 타다다닥 소리를 내며 힘차게 두드렸다. 어두운 로마의 골목길 바닥으로 빗물이 세차게 흘러 내려갔다. 분주히 음식을 나르는 중에도 와인잔과 빈 접시 사이로 빗방울이 튀었다. 텐트 위 빗물이 한쪽으로 고이더니 얼마 버티지 못하고 묵직한 물줄기가 되어 처마 끝으로 한꺼번에 쏟아져 내렸다.

"와! 이거 너무 열렬히 환영하는 거 같은데."
"그래도 비가 오니까 분위기는 더 좋지 않아?"

의자를 바짝 당겨 붙여서 겨우 자리를 잡고 나서야 비에 젖은 친구의 얼굴이 불빛 아래에 비쳤다. 아무리 보아도 여행을 막 시작하는 사람들의 행색이 아니었다. 신발은 물에 젖었고 바지는 중간쯤 걷어 올렸으며, 우산으로 얼굴만 가리다 보니 한쪽 어깨는 비에 다 젖어 있었다.

여행을 떠나면 어느 순간, 나의 껍데기가 벗겨지고 낯선 감정들이 드러난다. 항상 익숙한 환경에서 느낄 수 없었던 경계심과 자유, 불안과 설렘이 묘하게 뒤섞여 버린다. 로마의 골목길, 비 내리는 밤, 분주하게 서빙하는 이탈리아 종업원, 레드 와인으로 채워지는 유리잔과 처음 보는 상표의 맥주병들, 붉게 빛나는 조명과 간판들, 알 수 없는 이탈리아 사람들의 대화. 사람들은 우산을 받쳐 들고 비가 오는 골목길을 서둘러 걸어갔다.

문득 드는 생각. 우리는 왜 이곳까지 오게 되었는가? 사실 여행의 이유는 처음엔 단순했다. 죽기 전에 여행 한번 해 보자는 다짐으로 의기투합했고 새로운 풍경, 낯선 음식, 그저 익숙함을 벗어나고 싶다는 갈망이 전부였다.

하지만 멀리 떠나 보면 알게 된다. 낯선 곳에 와 보면 내 안의 깊숙한 감정들이 하나둘씩 떠오르게 마련이다. 여행은 나 자신과 정면으로 마주할 기회를 던져 준다. 불안도 설렘도, 이 나이 먹도록 아직도 미숙한 내 모습마저도, 모두 받아들이게 되는 그런 시간을 통해 나는 나를 조금 더 이해할 수 있게 된다.

콜로세움을 배경으로 사진을 찍으면서도 느끼지 못했던 로마의 질감들이 이제야 하나둘씩 살아나기 시작했다. 출발 전 급격하게 다운되었던 컨디션은 비 오는 로마에서 서서히 충전이 되어 갔다. 비 내리는 로마의 밤거리, 우리는 처음으로 이탈리아의 밤하늘 아래에서 와인잔을 들었다.

"우리들의 여행을 위하여!"
"위하여~"

우리는 내일 아침 시칠리아로 간다.

지금부터, 시칠리아

떠나는 순간, 우리는 어제보다 자유롭다

로마공항에서 짐을 부치는데 갑자기 요금을 더 내야 한다고 해서 다들 이리 뛰고 저리 뛰는 소란이 있었다. 그렇지 않아도 짧은 영어로 고생하는 마당에 항공사 직원들은 알 수 없는 이탈리아말로 떠들어 댔다. 밀려드는 사람들로 로컬 공항은 정신이 하나도 없었다. 발권을 담당하는 직원은 하고 싶은 말만 다다다 내뱉고 한 마디도 들으려 하지 않았다. 우리는 대충 감으로 때려잡는 수밖에 없었다.

이탈리아 특유의 빠른 발음과 화가 난 듯한 억양도 불편했지만, 화장을 얼마나 진하게 했는지 독수리처럼 눈이 매서워 보이는 여직원에게 우리는 감히 질문조차 하기가 어려웠다. 우리는 어렵사리 손짓, 발짓을 해 가며 휴대폰 번역기를 돌렸다. 그리고 멀리 떨어져 있는 다른 창구를 찾아가 체크인을 마쳤다. 왜 우리가 다른 창구로 가야 했는지 아직도 그 이유를 알 수가 없지만 아무튼 우리는 여기저기로 각자 흩어져 티켓팅을 해야만 했다. 온라인으로 미리미리 해 둘 걸 그랬다고 후회했지만 소용없었다. 우리는 이탈리아 국내선 시스템의 불합리한 점에 대해 서로 투덜거렸다. 하지만 이탈리아어로 항의할 수 있을 만큼의 능력자는 없었다. 그래서 본의 아니게 충청도 스타일로 쿨하게 수긍하는 걸로 마무리 지었다.

문제는 문제를 일으키기 전까지 문제가 아니라더니, 한 명도 빠짐없이 짐을 부치는 걸 확인하고 나서야 우리는 아무런 문제 없이 패스트푸드점으로 우르르 몰려갔다. 새벽부터 일어나 아침도 거르고 호텔을 나오는 바람에, 해장국 한 그릇이 간절한 시간이었다.

하지만 우리들은 커피 한 잔과 햄버거 하나로 허기를 달래야 했다. 햄버거는 짜고 커피는 썼다. 소금을 바가지로 퍼부었는지 작정을 하고 짜게 만든 짠맛 햄버거를 먹기 위해 우리는 콜라를 추가로 주문했다. 누군가 이런 식으로 매상 올리려고 일부러 짜게 만드는 것 아니냐고 중얼거렸다.

날씨가 흐린 로마공항.

비행기는 시칠리아를 향해 날아올랐다. 비행이 한 시간 삼십 분쯤 걸리기 때문에 잠을 청하기도 애매한 시간이었다. 창밖으로 바다에 떠 있는 배들이 점점 작아져 손톱만 하게 보이는가 싶더니, 갑자기 눈 아래로 구름바다가 넓게 펼쳐졌다. 로마 공항은 바람이 불고 구름이 잔뜩 끼어 있었는데, 우리 비행기는 이륙하자마자 잠깐 만에 구름을 뚫고 밝게 빛나는 하늘 위로 올라섰다.

먼 길을 왔다. 인천에서 9시간 30분 걸려 두바이에 도착했고 5시간 30분을 대기했다. 두바이에서 로마까지는 6시간이 넘게 걸렸다. 로마에서 하룻밤을 지내고 아침 비행기를 탔으니까 비행시간만 따져도 17시간이다. 혹시 체력이 떨어져 힘든 친구가 생길까 내심 걱정했지만 다행스럽게도 그런 친구는 없었다. 각자 비타민을 한 주먹씩 털어 넣은 것도 한몫을 했을 것이다.

한순간 몸이 붕 뜨는 기분이 들었고 기체가 점차 아래로 내려가면서 저 멀리 산과 들 그리고 반듯하게 정렬된 마을이 하나둘씩 보이기 시작했다. 점차 비행기가 고도를 낮추면서 시칠리아섬이 눈에 들어왔다. 그리고 어느 정도 내려가는 순간 신기하게도 시칠리아 땅 위로 우리가 탄 비행기의 땅 그림자가 나타났다. 하늘에서 내려다보는 비행기 그림자는 처음이라서 나는 서둘러 카메라를 켰다. 햇빛과 비행기의 방향 그리고 내 자리의 각도가 맞아떨어져야 볼 수 있는 난생처음 보는 그림이 펼쳐졌다. 비행기 그림자는 엄청 빠른 속도로 땅 위를 달렸다. 나는 착륙하는 순간까지 점점 커져 가는 비행기 그림자를 눈을 떼지 못하고 바라보았다.

나중에 내가 찍은 영상을 본 친구들도 무척 신기해하며 두세 번을 돌려보았다. 시칠리아에 착륙하는 순간이라면 가슴이 벅차다거나 기쁨으로 충만해진다거나 하는 감동의 쓰나미가 몰려오기를 기대했지만 이상하리만큼 마음은 덤덤했다. 우연히 보게 된 비행기 그림자를 따라가느라 정신이 팔려 있던 나는 비행기 바퀴가 쿵 하고 땅에 부딪치는 소리를 듣고 나서야 도착을 실감했다.

드디어 우리는 시칠리아에 왔다.

차가 없다고요?

우리가 렌트한 차가 없다

아무리 따져 봐도 열 명이 움직이려면 작은 차로는 어림도 없었다. 그래서 우리는 9인승 두 대를 빌리는 것으로 예약을 했다. 각자 가져오는 캐리어만 따져 보아도 엄청난 부피가 될 텐데, 게다가 사람 한 명당 짐가방 하나씩만 더 늘어난다 쳐도 9인승 차에 5명이 타기도 빡빡하다는 계산이 나왔다.

"예약한 차가 없습니다."

엥? 이 무슨 날벼락 같은 소리인가. 한국에서 분명 예약을 하고 왔는데. 내가 몇 번을 확인했는데. 우리는 팔레르모공항 렌터카 매장 앞에서 눈앞이 깜깜해졌다.

"예약한 9인승 차량은 이미 배정이 되어 버려서 남은 차가 한 대도 없습니다."

이게 무슨 황당한 경우인가. 예약한 차가 없다니. 우리는 시칠리아의 로컬 렌터카 업체에 예약을 했다. 외국에서 운전하려면 아무래도 우리에게 익숙한 현대차가 낫지 않겠느냐는 생각에 고르고 골라서 이곳에 예약을 했는데 이게 무슨 말인가.

그럴 리가 없다. 우리는 몇 달 전에 이미 예약을 마쳤고, 여기 증명서를 프린트해 왔으니 확인해 달라고 말했다. 나는 렌터카 계약서를 담당자의 코앞에 들이밀고 당당하게 흔들어 보였다.

지금 9인승 차량이 없으면 우리는 여행 자체가 불가능하다. 앞으로 여행을 어떻게 하란 말이냐고 따졌다. 그리고 이 계약서는 무엇이냐고 물었다.

흥분해서 목소리를 높이는 나와 달리, 안내하는 직원은 얄미울 정도로 침착하게 또박또박 설명을 해 나갔다. 나처럼 항의하는 손님을 한두 번 겪어 본 솜씨가 아니었다.

설명의 요지는 이랬다. 귀하가 서류상에 예약한 시간은 오늘 10시인데 지금 시간은 11시다. 당신들이 1시간 늦게 도착했다. 1시간 전에는 차가 있었으나 우리는 노쇼로 간주하고 차를 이미 배정했다.

원한다면 우리는 5인승 SUV 두 대를 렌트해 줄 수 있다. 하지만 계약을 취소하면 계약금을 한 푼도 돌려줄 수 없다. 만일, 만일이다. 만일 내일 다시 손님이 여기로 방문해 준다면 그때는 차가 있을 수도 있다. 물론 없을 수도 있다. 하지만 추가 요금이 250만 원 더 발생한다. 원한다면 그렇게라도 해 주겠다. 배 째라. BJR.

다른 친구들은 주차장에 모여서 이제나 저제나 렌터카를 기다리고 있는 중이었다. 같은 시간에 나는 예약 카운터 앞에서 황당함과 억울함에 분통이 터지고 있었다.

지금 아무것도 모르는 친구들은 시칠리아의 맑은 공기와 화창한 날씨 아래서 신이 나 있을 텐데. 노쇼 때문에 차를 빌리지 못했다고 어떻게 말한단 말인가. 시간이 지체될수록 직접 렌터카를 예약했던 나에게는 배정된 차가 없다는 황당함보다, 빨리 출발해야 한다는 조바심이 앞섰다.

'아무리 그래도 그렇지. 1시간 늦었다고 노쇼로 처리해? 우리 비행기 도착 시간을 뻔히 알 수 있었을 텐데. 당신들 너무하는 거 아니야! 경찰 불러, 경찰!'

여기가 한국이라면 냅다 소리부터 질렀을 텐데, 부글거리는 속마음을 드러낼 방법도 없었다. 워낙 혼자서 마음속으로 흥분을 하다 보니 내 입에서는 영어와 한국어가 마구마구 뒤섞여서 튀어나왔다. 나도 내가 무슨 말을 하고 있는지조차 알 수가 없었다.

한국의 영어학원에서는 부당함에 항의하는 회화를 의무적으로 가르칠 필요가 있다고 생각했다. 데스크의 직원은 한국에서 날아온 멀쩡하

게 생긴 동양인들의 표정을 슬쩍슬쩍 살폈다. 나는 직원의 사과를 받는 것으로 마무리하고 뒤돌아 설 수밖에 없었다.

　게다가 여기서 이런 일로 금쪽같은 시간을 버리고 싶은 마음은 전혀 없었다. 지금부터 우리에겐 시간이 돈이었다. 다른 친구들의 생각도 마찬가지였다. 없는 차가 생길 것도 아니고. 우리 여행의 첫 번째 난관은 예상보다 빨리 찾아왔다.

　우리에겐 선택지가 없었다. 할 수 없이 5인승 2대에 나누어 타기로 했다. 그런데 예상대로 짐이 문제였다. 이 많은 짐을 어떻게 차에 실어야 될지. 우리는 졸지에 '트렁크에 여행가방 욱여넣기' 테트리스를 시작했다.

　큰 사이즈 캐리어를 먼저 넣어야 한다느니, 그게 아니고 작은 가방을 세워서 넣는 게 맞다느니. 짐을 실었다 내렸다를 반복하며 시행착오와 공간감각 테스트가 이어졌다. 우리 모두는 심각한 얼굴로 이 차에서 저 차로, 위에서 아래로 끼워 맞추기 씨름을 30여 분이나 계속해야만 했다.

  이 숙제에 마침내 마침표를 찍은 것은 한 친구가 자기 발아래로 가방 한 개를 내려놓고 구겨진 자세로 차를 타겠다는 희생정신을 발휘하면서 일단락되었다.

  짐을 모두 차에 싣고 나서 트렁크를 쾅 하고 내려 닫는 순간, 우리는 모두는 박수와 환호를 지르며 웃을 수 있었다. 시작부터 만만치 않은 우리의 여행.

  빈틈 하나 없이 공간을 꽉꽉 채운 자동차는 그렇게 시칠리아를 향해 시동을 걸었다.

나도 좋은 방 쓰고 싶다

신발 던지기

　숙소가 호텔이라면 아무 방이나 키를 받아도 크게 나쁠 것도 좋을 것도 없이 별반 다를 게 없지만, 숙소를 독채로 구한 다음에 누가 어느 방을 써야 할지 골라야 된다면 이래저래 호텔과는 사정이 좀 다를 수 있다.

　침대방의 생김새나 컨디션이 제각각 다를 수밖에 없고, 누가 어떤 방을 쓸 것인지 배정이 필요했다. 누구는 혼자 쓰고 누구는 둘이 쓰고, 어떤 방은 볕도 잘 드는데 또 다른 방은 좁은 데다가 어둡기까지 했다. 3일을 묵어야 하는 방인데 다들 마음에 드는 방을 차지하고 싶은 게 인지상정이었다.

　그래서.

　'신발 던지기'를 하기로 했다.

　깨금발로 서서 한쪽 신발을 휙 날리는 게임이다. 간단하다. 십 미터 앞의 바닥에 선을 그어 놓고 그 선에 제일 가까이 신발을 붙이는 사람

이 일등. 일등부터 마음대로 방을 고르기로 했다. 서로가 속마음을 알 수 없으니 깔끔하게 게임으로 정하는 편이 백배는 훌륭하다.

이게 해 본 사람은 알겠지만 가위바위보보다 신속하고 뽑기보다 가시적이다. 스릴도 있고 약간의 운동신경도 필요하다. 무엇보다도 자신의 킥 능력과 운동화의 무게가 절묘한 조화를 이루어야 한다. 가벼운 운동화가 유리할 것 같지만 운동화는 착지에서 문제가 많다.

가벼울수록 어디로 튀어 오를지 가늠하기 어렵기 때문에 의외로 성적이 좋지 않다. 약간 무게도 있고 바닥이 고무재질인 단화가 강점이 있어 보인다. 킥력은 강도와 각도다. 킥력과 접지감이 조화를 이룰 때 최상의 퍼포먼스를 발휘할 수 있다.

내가 볼 때 가장 최악은 슬리퍼다. 산포도가 넓다. 이게 발에서 미끄러지는 타이밍이 일정하지 않기 때문에 아무리 연습을 한다 해도 그때그때 결과가 다르다. 게다가 양말까지 안 신었다면 게임은 하나마나다.

"에이씨." 한쪽에서 탄식이 나왔다. 아무리 연습해 봐라. 잘되나.

원래는 양동이에 물을 담아 놓고 거기에 운동화를 빠트리는 게임을 했어야 했는데, 아쉽게도 우리는 시간이 없었다. 일등을 하려면 그 정도 페널티를 감수했어야 하는 건데. 한 녀석이 라인에 서더니 풀을 뽑아 하늘로 날리며 하는 말.

"뒷바람 있네."
"쓰잘데기 없는 소리 말고 던지기나 하셔."

운동화, 슬리퍼, 샌들, 단화, 신발은 바람을 가르며 팔레르모 하늘로 휙휙 날아올랐다. 우와아~ 소리가 담을 넘었다. 내 신발이 몇 등인지 보려고 깨금발로 뛰었다. 열받은 친구는 자기 신발을 발로 뻥 차 버리더니 다시 주우러 뛰어갔다. 3~4위권의 치열한 붙이기 결과 우승자는 라인에 신발을 딱 붙여 버렸다. 일등을 한 친구가 2층으로 올라가 당당히 자리를 잡았다. 그제야 나머지 친구들이 각자 알아서 짐을 들고 방을 찾아갔다.

나는 처분만 기다리는 하위권이었다. 하지만 친구들의 관심 밖으로 밀린 방을 잡았는데 그게 나에게는 행운이었다. 조상님의 은덕이었는지 볕이 잘 드는 창과 더블침대가 있는 방을 쓰게 되었다. 팔레르모 숙소의 첫 번째 방 배정은 이렇게 결정되었다.

호스트 알렉산더는 이런저런 설명을 간단히 마치고 한 뭉치나 되는 방문 열쇠 꾸러미를 넘겨주었다. 이게 다 어디에 쓰는 물건인고?

자동으로 열리는 자동차 출입구가 두 개. 3층 건물에 10개가 넘는 침실과 3개 이상의 부엌, 거실 그리고 꽃과 정원으로 둘러싸인 커다란 테이블이 있는 안뜰. 야자수가 우거진 정원. 이렇게 평화롭고 멋진 곳이 우리들의 아지트라니. 한결같이 밝아진 표정으로 우리들은 이틀 만에 짐을 풀었다.

신발 던지기로 방 배정하기

피아차 두오모 광장에서

좋을 때다

우리 일정표에 체팔루는 없었다. 지도를 놓고 아무리 동선을 그려 봐도 도착한 첫날부터 체팔루까지 다녀오기는 무리라고 생각해 당일은 팔레르모 시내만 둘러보는 것으로 계획했다.

"여기서 체팔루로 쏘는 게 어때? 팔레르모 보느라 체팔루를 패스하기에는 너무 아깝지 않아?"

공항에서 숙소까지 차를 몰고 온 친구가 제안했다. 국제면허증을 가장 먼저 신청한 친구였다. 시칠리아 운전에 자신감이 붙었다는 뜻이다. 나도 사실은 체팔루의 해변을 가 보고 싶은 마음이었는데 내심 잘됐다 싶었다. 우리는 팔레르모에서 70km 떨어진 체팔루를 향해 내달렸다. 차가 두 대로 움직이면 서로 만날 지점을 정해야 하는데 이게 생각보다 만만치가 않다.

구글 GPS에 좌표를 찍고 운전한다 해도 갈림길에서 한 번 헤매고 표지판 보고 또 헤매기를 반복해야 했다.

"잠시 후 살짝 우회전입니다."

신박한 GPS 안내멘트에 모두가 빵 터졌다. 살짝? 살짝이라니 무슨 안내가 이래? 체팔루에 있는 주차장에서 만나자고 약속했다 해도 차 두 대가 딱 그 자리에 동시에 도착할 리가 없다.

먼저 출발한 우리 다섯 명은 주차를 하자마자 시내 쪽으로 걸었다. 카톡으로 연락을 할 수 있으니 이 근처 어디쯤에 와서 연락을 주겠지. 화려한 상점들과 특이한 골동품이 가득한 골목을 지나치며 친구들 생각은 자연스레 기억에서 지워졌다. 그들은 알아서 잘 찾아올 것이다.

유럽의 어느 도시처럼 체팔루도 예외 없이 마을의 중심에 대성당이 있다. 1131년에 건설되었다는 체팔루 대성당은 모자이크로 예수를 묘사한 작품이 유명하다. 성당 앞 공터는 피아차 두오모 광장이다. 넓은 공터를 중심에 놓고 사면으로 건물들이 서 있는데 주변에는 아치형 건축물과 고풍스러운 건물, 카페, 레스토랑 등이 자리 잡고 있다.

성당 입구에 드레스를 입은 신부가 눈에 들어왔다. 이제 막 결혼식을 마치고 사람들과 어울려 사진을 찍고 있었다. 검은색 슈트를 차려입고 나비넥타이를 한 신랑은 키가 꽤나 커 보였는데 선글라스를 쓴 모습이 마치 영화배우 같은 느낌의 잘생긴 청년이었다. 그는 뭐가 그리 좋은지 연신 싱글싱글 웃어 댔다.

한국에서는 이럴 때 쓰는 말이 정해져 있다. "좋을 때다." 돌이켜보면 정말 그때가 좋은 시절이었다는 삶의 경험을 농축한 말이다. 시칠리아 신랑 신부가 이 말을 알아들을 수 없을 터이니 우리는 마음 놓고 키득거렸다.

등이 깊게 파인 꽃무늬 드레스를 입은 신부는 광장에서 제일 빛났다. 드레스는 몇 미터 뒤까지 치렁치렁 늘어져서 두세 명의 여자들이 치맛자락을 들고 뒤따랐다. 길바닥 여기저기에 쌀알이 흩어져 있었다. '아마 쌀을 뿌리는 것이 행복하게 잘 살라는 의식 정도 되겠지'라고 생각했는데 알고 보니 내 짐작이 맞았다.

검색해 보면 이탈리아에서는 결혼식에서 쌀을 뿌리는 것이 오랜 전통이었다. 풍요, 번영, 다산을 기원하는 의미를 담고 있는데, 쌀은 번영과 풍요를 상징하는 곡물로 여겼다. 우리나라에서도 쌀소비 촉진운동에 이런 풍습을 도입한다면 조금이라도 도움이 되지 않을까 생각하고 혼자 피식 웃었다. 여기서도 최근에는 쌀 대신 꽃씨나 종이를 쓰는 경우가 늘어나는 추세라 했다. 인간들이 웃고 떠들며 빈틈을 보이자마자 비둘기들은 소리 없이 만찬을 즐겼다. 정작 신랑, 신부보다 비둘기들의 식사가 먼저 풍요로워지고 있었다.

우리는 광장의 카페에 느긋하게 앉아 이탈리아 젤라토와 함께 시간을 보냈다. 날이 어둑어둑해지자 연락 없는 친구들이 그제야 생각났다. 뒤따라온 친구들에게서 지금 어디냐는 문자가 수도 없이 와 있었다. 정제된 문자는 욕보다 무서웠다.

그렇다. 우리는 두 팀이었다.

두 팀은 다시 광장에서 만났다. 우리 팀은 성당과 골목길을 얘기했고 그들은 해변에서 바라본 체팔루를 얘기했다. 엉뚱한 해변에 차를 세워 놓고 바로 앞에 있는 성당이 대성당이다, 아니다로 한참 동안 입씨름을 벌였다고 했다. 아마도 오랜 시간이 흐른 후 내가 만난 체팔루와 그들이 본 체팔루는 전혀 다른 기억으로 남을 것이다.

체팔루 밤바다

약자들의 숨은 공간, 에리체(Erice)

천공의 마을 에리체

시칠리아는 지중해 중심에 자리한 섬이다.

그냥 섬이라고 말하면 자그마한 외딴섬 정도로 취급하기 쉽지만, 시칠리아는 제주도보다 약 14배 큰 삼각형 모양으로 생긴 섬이다. 섬 안에는 기차도 다니고 동서를 횡단하는 고속도로도 있다. 북쪽으로는 이탈리아 본토의 남쪽 끝과 아주 가깝다. 메시나(Messina) 해협을 사이에 두고 칼라브리아 지역과 연결되며 거리는 약 3.2km밖에 되지 않는다. 만일 다리가 놓여 있다면 걸어가도 삼사십 분이면 충분할 정도다. 맑은 날에는 본토의 해안선을 육안으로 쉽게 볼 수가 있다.

남으로는 아프리카 대륙과 비교적 가까운 거리에 있다. 시칠리아 남쪽 끝 카포 파세로(Capo Passero)에서 튀니지 해안까지는 약 160km이다. 북아프리카의 많은 난민들은 가까운 튀니지에서 이탈리아로 들어가는 것으로 알려져 있다.

위치가 이러하니 시칠리아는 역사적으로 바람 잘 날이 없었다. 고대로부터 무역과 문화 교류의 중심이었을 뿐만 아니라 패권을 놓고 다투는 세력 간의 충돌의 땅이었다. 이 섬을 차지하는 세력이 지중해를 손에 넣고 번성할 수 있었다. 그리스, 로마, 아랍, 노르만 등 수많은 문명 세력이 이 땅을 거쳐 갔으며 사람들은 이곳을 '역사의 용광로'라고 불렀다.

우리는 에리체(Erice)에 가기로 했다. 에리체는 시칠리아 서부 지역의 산 정상에(해발 750m) 자리한 중세풍의 마을로 오랜 세월 수많은 문명세력의 지배를 받았던 지역이다. 마치 그 모습이 하늘에 떠 있는 듯하다 하여 '천공의 마을'이라 불린다. 고대에는 엘리미(Elymi)라는 부족이 정착해 살았고 노르만 시대에는 산 정상에 베누스 성을 건설하였다. 에리체에 가려면 트라파니(Trapani)에서 정상까지 케이블카를 타고 올라갈 수 있는데 그야말로 경치가 환상적으로 아름다운 곳이라 했다. 우리는 내비게이션 도착 지점을 '케이블카 타는 곳'으로 찍었다.

차를 몰고 가다 보니 어느덧 저 멀리 산 위에 홀로 서 있는 작은 마을이 보이기 시작했다.

"신기하긴 신기하네. 아마 저게 맞을 거다."

우리는 창 너머로 고개를 쭉 빼들고 구름 속에 드러난 신비한 모습의 에리체를 올려다보았다.

천공의 마을 에리체

"와, 어떻게 저 산꼭대기에 도시를 세운 거지?"
"도시를 저 꼭대기에 만들면 물은 어떻게 해결하지? 식수 말이야, 식수."

산 정상에 덩그렇게 솟아 있는 모습이 점차 가까워 올수록 궁금증은 증폭되었다. 우리 차는 네비의 안내를 따라 산을 오르기 시작했다. 도로는 몹시 구불거렸다. 오른쪽 보조석에 앉아 있는 내 자리 옆으로 낭떠러지가 깊었다. 나도 모르게 자동차 안전 손잡이를 꽉 움켜잡고 운전석 쪽으로 바짝 당겨 앉았다. 그런 모습을 보고 뒷자리 친구들은 큭큭 웃었다.

약간의 고소공포증이 있는 나는 손에 땀이 차고 발이 저렸다. 마을의 식수야 먹든지 말든지 알아서 했겠지. 차가 굽어진 도로를 회전할 때마다 오른쪽으로 쏠리지 않으려고 '어, 어.' 신음소리가 나왔다. 그때마다 친구들은 좋아라 웃어 댔다.

충분히 올라온 것 같은 생각이 드는데도 '케이블카 타는 곳'은 나타나지 않았다. 차는 산 위로 계속 올라갔다. 발아래로 계곡이 아찔한데 절벽 틈 사이로 언뜻언뜻 바다가 보였다. 차가 산기슭 옆으로 돌아 나가는가 싶더니 갑자기 장쾌하고 푸르른 바다가 눈앞에 펼쳐졌다. 지중해 바닷물은 햇볕을 받아 눈부시게 빛났다.

순간 차가 아래로 구르면 끝장이라는 생각이 들었다. 식은땀이 나기 시작했다. 기우뚱거리는 차가 산길을 올라갈수록 케이블카 타는 곳은 왜 이리 나타나지 않는지, 왜 이리 높은 곳에 케이블카를 만들어 놓았는지 도대체가 알 수 없는 노릇이었다.

내 사정은 알 리 없는 친구들은 에리체 마을의 물 걱정을 이어 갔다.

"수로를 놓았겠지. 마추픽춘가 거기도 수로를 놓았다는 거 아냐?"
"그렇다고 물이 산으로 올라가나?"
"삼투압이겠지."
"삼투압? 너 문과지?"

속이 메스껍고 약간 어지러워지는가 싶더니 스멀스멀 멀미가 올라왔다. 나는 언덕을 하나 넘을 때마다 케이블카를 간절히 기다렸지만 비슷하게 생긴 것도 보이지 않았다. 그런데 말없이 운전에만 집중하던 친구가 고개를 갸우뚱거렸다.

"이상하다? 다 온 거 같은데? 우리 끝까지 다 올라온 것 같아."
"뭐? 정말?"

차는 더 이상 올라갈 곳이 없었다. 어이없게도 우리는 케이블카 '타는 곳'이 아니라 '내리는 곳' 주소를 잘못 등록해 버린 것이다.

"어쩐지. 너무 올라오는 것 같더라니."
"와우, 우리가 이 산꼭대기까지 차를 끌고 올라왔네."

본의 아니게 정상 주차장까지 차를 몰고 올라온 우리는 카페에 둘러앉아 한숨을 돌렸다. 여기까지 운전을 한 친구의 베스트 드라이버의 무용담이 한창일 때, 커피를 마시며 휴대폰을 들여다보던 한 친구가 말했다.

"이 사람들은 빗물을 받아서 마셨다는데?"
"아, 그래?"

친구가 검색한 내용을 또박또박 읽어 내려가자 모두가 귀를 기울였다.

"고대 에리체는 시스터른(Sisterns)이라는 돌로 만든 지하 저장고가 있었고 빗물을 모아 식수로 사용했다고 한다. 주변에 샘물이 있어서 길어다 먹기도 했다고 돼 있네."

"이해가 되긴 하는데 가뭄이 심하면 많이 어려웠을 텐데. 정말 대단하긴 대단하다."

생각해 보면 이곳은 약자들의 공간이었다. 침략자의 칼날을 피해 험준하고 척박한 벼랑의 끝자락에 자리를 잡고 자발적 고난을 선택했던 약자들의 생존을 위한 터전. 사람들은 아마 물을 물 쓰듯 써 보는 게 소원이었을지도 모른다. 에리체는 '역사의 용광로' 속에서 스스로의 공동체를 보존하고 정체성을 지켜 낸 의지의 상징물로 건재했다. 화려하지도 않고 그렇다고 주목받지도 못했을 이 소외되었던 공간에 관광객의 웃음소리가 왁자지껄 울려 퍼졌다.

  에리체 마을의 식수 걱정은 일단락되었으나, 나는 차를 타고 내려갈 일을 걱정하고 있었다.

새로운 규칙과 관습을 존중해 달라

ZTL(Zona Traffico Limitato) 딱지를 끊었다

표지판이 눈에 들어왔다. "ZTL(Zona Traffico Limitato)"라는 글자. 해석하면 '교통제한구역'이다. 흰 바탕에 붉은 원, 그리고 그 아래 적힌 ZTL. 그러나 크기가 작고 눈에 잘 띄지도 않아서 운전 중에는 일부러 신경 쓰지 않으면 놓치기가 십상이었다. 여행 전에 표지판의 의미를 검색하긴 했지만 막상 코앞에 닥친 표식을 보자마자 머릿속은 온통 버퍼링이 일었다.

교통표지판

'진입 금지라는 건가? 아니면 속도를 줄이라는 뜻인가?'

붉은 원이라는 부정적인 뉘앙스와 동그라미 모양이 주는 긍정적인

이미지가 뒤엉켜 버려서 혼란을 더했다.

골목길로 접어들었는데 주변에는 주차 공간이 없었다. 다섯 대 남짓 들어가는 작은 공간은 이미 차들로 빼곡했다. 선택의 여지 없이 좁은 골목길을 따라 계속 직진해야만 했다. 반대편에서 차가 나타날 때면 아슬아슬하게 간신히 비켜 가며 운전을 이어 갔다. 혼란스러운 점은 주차금지 표시가 선명한 곳에조차 차들이 줄지어 당당히 세워져 있다는 것이었다.

"여기다 차를 세워도 괜찮을까?"
"ZTL 구역은 들어가면 안 된대. 진입하면 벌금 물린다고 나와 있더라고."

검색으로 확인한 친구는 조심스러웠지만, 운전대를 잡은 친구는 딱 잘라 말했다.

"근데 세울 데가 없어. 어쩔 수 없잖아. 그냥 가 보자고. 제한 구역이지, 금지 구역은 아니잖아."

교통제한이 곧 진입금지라는 것을 입증할 근거는 없었다.
여행자의 시선은 열린 마음을 요구한다. 익숙하지 않은 도시에 차를 몰고 다닌다는 것은 마치 한 편의 복잡한 추리소설 속으로 발을 들이는 일과 같다. 골목과 광장이 펼쳐지고, 익숙지 않은 언어와 표지판, 그리고 문화적 암호가 곳곳에서 쏟아진다.

이탈리아에서 붉은 원은 '금지'를 의미하지만, 일본에서는 '주의'나 '정보'를 말하고, 미국에서는 "No Parking"이라고 글자로 쓴다. 같은 원형 기호 안에서도 나라에 따라 담긴 이야기가 다르다. 우리는 시칠리아의 진입금지 표지판을 우리의 문화적 프레임으로 해석했다. 그리고 주차위반 고지서가 날아올 것이라 체념해 버렸다.

여행자는 세상을 자신의 기준으로만 판단하려는 태도를 잠시 내려놓아야 한다. 낯선 도시의 길 위에서 익숙하지 않은 규칙을 있는 그대로 존중하는 일은 단지 벌금을 피하기 위한 것이 아니다. 그것은 타인의 세계를 이해하고, 새로운 관습 속에서 자신을 성장시키는 여정의 일부다. 딱지를 끊기 싫다면 그 도시의 언어와 규칙을 익히면 되겠지만, 진정한 여행자는 단순히 표지판의 뜻을 넘어서 그 문화와 맥락을 배우려는 태도를 가져야 한다. 새로운 세계는 언제나 열린 마음과 겸손한 자세를 가진 자에게만 그 비밀을 살짝 드러내기 때문이다.

신들의 땅, 아그리젠토

아크라가스(Acragas)

　우리는 신전의 계곡(The Valley of the Temples)에 도착했다. 아니, 정확히는 근처에 도착했다. 저 멀리 얕은 언덕 위로 이름 모를 신전의 기둥들이 경이롭고도 이질적인 모습으로 솟아 있었다. 아스팔트 도로 옆엔 나무가 빽빽이 들어서 있었고, 언덕으로 올라가는 길목은 철조망으로 가로막혀 있었다. 우리는 조바심에 길가에 차를 세우고 입구를 찾아 걷기 시작했다. 우거진 나무 사이로 드문드문 보이는 기둥이 눈에 띌 때마다 휴대폰 카메라를 연신 눌러 댔다.

　도로 옆엔 마땅히 사람이 다니는 인도가 없어 차를 피하며 한 줄로 줄을 지어 걸어야 했다. 그리스의 신전을 시칠리아 땅에서 볼 수 있다니. 그리스 본토보다 보존이 더 잘되어 있다는 신전의 모습을 보고 싶은 기대감에 나도 모르게 발걸음이 빨라졌다. 하지만 한참을 걸었는데도 입구는 나타나지 않았다.

"이 길이 아닌 것 같은데? 우리 잘못 가는 거 아니야?"
"아니야. 내가 물어봤는데 이 길로 20분 정도 가면 입구가 있다고 했어. 입구가 두 개인데 여기가 더 가깝대."

앞장서던 친구가 자신 있게 말하며 우리를 이끌었다. 언덕을 올라 올리브 농장을 지나고, 따가운 햇살을 등에 지며 한적한 길을 걸었다. 다리가 뻐근하도록 걸었지만 입구는 여전히 보이지 않았다. 반대편에서 내려오는 사람도 없었고 어느새 우리 일행만 외롭게 길을 걷고 있었다.

"나폴레옹이 군대를 이끌고 산 정상에 올라 이렇게 말했다는데. '여기가 아닌갑다.'"
"돌아가자. 여기는 아닌 것 같다."

농담에 반응할 만한 마음의 여유가 없었던 우리는 아무도 웃지 않았다. 투덜거리며 되돌아 걷기 시작했다. 땀은 흐르고, 다리는 아프고, 시간은 점점 흘러만 갔다. 어느 친구는 멀리서 신전을 봤으니 그걸로 충분하다며 숙소로 돌아가자고 했다.
하지만 여기까지 와서 그냥 돌아갈 수는 없었다. 한참을 내려오다 보니 드디어 많은 관광객이 나오는 출구를 발견했다. 혹시나 하는 마음에 그곳으로 입장을 할 수 있는지 물었지만 보기 좋게 거절당했다. 결국, 우리는 신전의 계곡 입구를 찾는 데만 한 시간을 허비했다. 입장

신전의 계곡

도 하기 전에 물 한 병을 통째로 들이켤 정도로 체력을 소진했다. 그리스의 신들은 우리와의 만남을 그리 쉽게 허락하지 않았다. 하지만 그 덕분에 알게 되었다. 모든 신전은 계곡이 아니라 언덕 위에 있다는 사실. 이곳은 '계곡'이 아니라 '신전의 언덕'이라 불려야 마땅했다.

콘코르디아(Concordia) 신전 앞에서, 나는 말로 다할 수 없는 경이로움을 느꼈다. 신전 너머로 잔잔히 빛나는 지중해. 지금으로부터 수천 년 전, 이곳은 그리스인들에게도 분명 매혹적인 신세계였을 것이다.

기원전 6세기경, 그리스인들은 풍요로운 땅을 찾아 지중해를 항해했다. 밀레토스와 같은 이오니아의 대도시들은 고향의 인구 과밀과 자원 부족에 직면했고, 사람들은 새로운 땅에서 희망을 찾으려 했다. 그렇게 선택된 곳 중 하나가 바로 시칠리아섬이었다. 따스한 햇살과 기름진 토양, 이 땅은 그들에게 새로운 시작을 위한 완벽한 장소처럼 보였다.

아그리젠토, 당시 그들은 이곳을 아크라가스(Akragas)라고 불렀다.

이 이름은 강의 이름에서 유래했다고 한다. 강은 물을 제공했을 뿐 아니라, 주변의 비옥한 평야는 곡창지대로서의 가능성을 약속했다. 그리고 바다는 그들에게 무역로를, 세상과 연결될 창을 열어 주었다. 하지만 단순히 풍요로움 때문만은 아니었을 것이다. 그리스인들은 도시를 단순한 정착지가 아니라, 인간과 신이 함께 공존하는 공간으로 재창조했다. 올림푸스의 신들을 위한 건축은 그들의 신앙과 예술의 절정을 보여 주었고, 이방인이 아닌 정당한 주인으로서 이 땅을 선포하려는 그들의 의지가 담겨 있었다.

지금은 신들의 땅과 인간의 땅이 철조망을 사이에 두고 엄격하게 나뉘어 있지만, 과거 아크라가스에서는 상황이 달랐다. 이곳은 신들과 인간이 한데 어울려 살아가며, 일상의 한 부분처럼 서로 교감하던 특별한 장소였다. 그리스인들은 신전에 정성스럽게 음식을 바치고 동물을 제물로 올리며 신과 소통했고, 오늘날 관광객들은 그 자리에서 신에게 바치는 제물을 박물관 입장료로 대신하며 과거의 흔적을 만나러 간다. 아크라가스의 신전들은 일제히 동쪽 바다를 향해 우뚝 서 있다. 이곳은 인간이 새로운 세계로 나아가려는 꿈과 야망, 그리고 초월적 신성에 대한 깊은 믿음이 녹아든 상징적 공간이다.

콘코르디아 신전 바로 앞에는 현대미술작품으로 설치된 이카루스(Icarus)의 나체 동상이 있다.

'너무 낮게 날지도 말고, 너무 높게 날지도 말라'는 아버지의 충고를 무시한 이카루스는 더 높게 날 수 있다는 자만에 빠져 태양을 향해 높이 날아갔다. 결국 밀랍으로 만든 날개가 녹아서 이카루스는 땅으로 추락하게 되는데, 작가는 땅으로 추락한 이카루스의 모습을 청동으로 만들어 이 자리에 작품으로 설치했다. 마치 신화 속 인물 이카루스가 추락한 장소가 여기인 듯한 시공간의 착각을 불러일으켰다.

과연 시간의 흐름이란 무엇인가. 돌로 만들어진 신전은 천 년의 바람과 비를 견디며 여전히 우뚝 서 있는 반면, 그 앞에 누워 있는 청동의 이카루스 동상은 신화 속 추락의 순간을 동결된 듯 보여 준다. 우리는 잠시나마 따가운 햇살을 피해 신전의 그늘 아래 모여 앉았다. 손발이 부러진 채로 맨땅에 날개가 박혀 있는 이카루스의 동상을 멍하니 바라보았다. 지금 무슨 생각을 하고 있는지 서로의 생각을 묻지 않았다.

콘코르디아 신전

헤라클레스 신전

시칠리아 힐링타임

여기는 시실리

이런 게 바로 규모의 경제라고 했던가. 뻔한 호텔 말고 좀 근사하고 멋진 곳을 찾겠다는 간절한 마음으로 꼼꼼하게 숙소를 검색했다. 이번이 기회라고 생각했다. 왜냐하면 돈이 있으니까. 내 돈은 아니지만 이럴 때 써 보지, 언제 써 보냐는 마음으로 숙소를 골랐다. 만약 내가 돈이 넘쳐나는 진정한 부자였다면 이런 기분을 매일 누릴 수 있었겠지만, 현실의 나는 친구들과 십시일반한 덕에 호사를 누리게 됐다. 이번엔 인원이 열 명이다 보니 '우리도 해 볼 만하잖아?'라는 자신감이 생겼다.

두 번째 숙소에 도착한 시간은 호스트 폴에게 연락한 시간에서 단 1분도 어긋나지 않았다. 처음 만나자마자 폴(Paul)은 엄지를 치켜세우며 "Great!"라고 말했다. 그의 얼굴은 어딘가 낙천적이고 매력적이었다. 먼 길을 운전하는 초행길인 데다가 어둑어둑해진 저녁시간이었는데도 우리는 정확히 약속한 도착 시간에 정문벨을 눌렀다.

숙소는 라구사 시내에서 외곽으로 20여 분 떨어져 있는 곳에 있었는데 한때 농장이었을 공간을 리모델링해 완벽한 휴양시설로 변신시켰다. 폴은 숙소를 구석구석 안내하며 마치 신이 나서 자랑이라도 하는 것 같았다.

사람 좋아 보이게 생긴 얼굴이 낯선 이방인에게도 언제든 말을 걸어 줄 것 같은 친절한 분위기를 가진 남자였다.

"여기 출입문은 키를 누르면 자동으로 열릴 겁니다. 잠시 후 자동으로 닫힙니다."
"여기가 풀장입니다. 매일 물을 새로 채워요!"

푸른 조명이 비추는 풀장은 바다처럼 깊은 파란빛을 띠었고, 그 주위를 둘러싼 야자수 잎이 저녁바람에 사뿐사뿐 흔들렸다. 누군가는 벌써 선베드에 몸을 던지고는 "여기서 맥주 한잔해야지!"라며 천국에 온 것 같은 표정을 지었다. 호텔에만 익숙했던 우리들은 사전정보 하나 없이 마주한 럭셔리 농장 숙소에 연신 감탄사를 연발했다.

"방은 8개를 다 쓰실 건가요?"
"물론입니다. 방을 모두 열어 주셨으면 합니다."

각 방마다 큼지막한 침대와 작은 테이블이 놓여 있었으며, 모서리각을 잡아 마무리해 놓은 침구가 흐트러짐 없이 준비되어 있었다.

방문 후기에 칭찬 댓글이 많았던 이유를 알 수 있을 것 같았다. 호스트의 세심한 배려는 여행자의 기분을 들뜨게 만든다.

우리는 폴을 따라서 집을 한 바퀴 돌았다.

"여기는 바비큐를 할 수 있어요. 장작은 저곳에 있는데 잘 쓰고 채워만 놓았으면 좋겠습니다."
"탁구장입니다. 이쪽은 쉴 수 있는 공간입니다."
"테니스 코트는 저쪽입니다!"

폴의 말이 끝나자마자 친구 한 명이 "내일 여기서 족구 한 판 어때?"라며 목소리의 톤을 높였다.

"여기는 세탁실이고 세탁기는 이렇게 작동합니다. 세제는 이걸 쓰시면 되는데 조금만 넣어도 충분합니다."

우리는 나무로 만든 두꺼운 문을 열고 부엌으로 들어갔다.

"요리는 여기서 하시면 되고, 소금, 후추, 각종 양념, 조리기구입니다. 그릇은 여기에 있고, 큰 솥, 작은 솥, 프라이팬입니다. 와인잔은 여기입니다. 화이트잔, 레드잔. 아마 충분할 겁니다."
"가스는 여기서 켜면 됩니다. 이건 커피머신입니다. 커피머신을 이렇게 작동하면 됩니다. 이 버튼을 누르고 컵은 여기에 올려 주시면 됩니다. 아, 그리고 원두와 차는 여기 안에 있습니다. 아침에 한잔하면 정말 좋지요."

"이건 치즈입니다. 몇 가지 준비했습니다."

폴은 마치 숙소 매뉴얼의 AI 같았다.
테이블 위에 놓여 있는 커다란 과일접시를 보고 물었다.

"이 사과는 먹어도 되나요?"
"그럼요. 제가 준비한 웰컴 선물입니다."
"아, 그렇군요. 감사합니다."
"천만에요."

말이 끝나기도 전에 한 친구는 "여긴 진짜 지상낙원이네!"라며 감탄했다.

주방은 서너 명이 동시에 요리를 해도 충분할 정도였는데, 방 전체가 돌로 만든 아치형으로 되어 있어 활용할 수 있는 공간이 훨씬 넓어 보였다. 주방 가운데에는 10명 이상이 앉을 수 있는 식탁이 있고, 벽면에는 농기구를 디스플레이해 놓아서 한눈에도 여기가 예전에 농장이었다는 사실을 알 수 있었다.

쟁기 비슷하게 생긴 물건, 넓은 소쿠리 또는 알 수 없는 받침대 등 그

크기가 우리나라 농촌의 그것보다 두 배 이상은 커 보였다. 오래된 농장 역사를 증명하듯 액자사진 서너 장이 빈자리를 차지하고 있었고, 한쪽 구석에 돌을 쌓아서 만든 벽난로가 분위기를 훨씬 운치 있게 만들었다.

"혹시 더 궁금한 것은 없나요?"

설명을 마친 폴은 우리에게 자신만만하게 물었다. 이 정도면 부족할 게 무엇이 있겠느냐는 표정이었다. 그때 한 친구가 예상치 못한 다소 엉뚱한 질문을 던졌다.

"세탁기는 있는데 혹시 빨래 건조기는 없나요?"

그리고는 제법 세탁거리가 많아졌다는 설명을 덧붙였다.

"건조기요? 빨래 건조기?"

폴의 눈빛이 미묘하게 흔들렸다. 당황스러움과 자부심 사이 어딘가에 머문 듯한 표정으로 그는 결심한 듯 말했다.

"이쪽으로 오시지요."

우리를 뒤뜰로 데려간 그는 올리브 나무 가지 사이에 걸린 빨랫줄을 가리키며 빙긋이 웃었다.

"This is Sicily."

바람이 불어왔다. 우리는 웃음이 터졌고, 그 순간 비로소 깨달았다. 아, 우리는 정말 시칠리아에 있구나.

시칠리아에서 사용한 건조기

에트나(Etna)

바람의 산

"시칠리아에서 화산이 폭발했습니다."

"시칠리아에 있는 에트나 화산(Mount Etna)이 폭발했는데요… 용암과 화산재가 10km까지 치솟아 하늘로 솟구쳤을 정도로 강력한 위력이었습니다…"

화산이 폭발했다니. 이게 무슨 일이냐. 우리가 가려는 화산이? TV에서는 검붉은 용암이 울컥울컥 솟구치는 모습을 생생하게 보여 주고 있었다. 기자는 영상을 가리키며 약간 흥분한 목소리로 설명을 이어 갔다.

"굉음과 함께 검은 연기가 피어오르고 거대한 양의 화산재가 하늘로 퍼져 나갑니다. 어둠이 내리고도 산골짜기를 타고 시뻘건 용암이 쏟아져 내리는 모습이 선명합니다."

"산의 높이가 해발 3천3백m 높이니까 산의 높이의 세 배 정도까지 불길과 연기가 올라간 거죠."

진짜 에트나 화산이 폭발했구나. 큰일 났네. 어떡하지? 저기를 갈 수 있을까? 살아 있는 활화산을 올라가 본다는 기대에 한껏 부풀어 있었는데 이렇게 갑자기 화산이 터져 버릴 줄 정말 몰랐다. 생각지도 못한 변수가 발생한 것이었다.

"며칠 전부터 분화를 시작한 이후 산은 용암을 계속 뿜어내고 있습니다."
"유럽에서 가장 높은 에트나는 주민들이 거주하는 마을과도 가까워 많은 피해가 발생하기도 합니다."

시칠리아로 출발하기 두 달 전 화산이 폭발했다. 보름 이상 비행기가 결항되고 사람들의 출입이 통제되었다. 이건 에트나의 문제뿐만이 아니라 어쩌면 우리 여행 자체를 못 할 수도 있다는 생각이 들었다.
그런데, 지금 우리는 에트나(Etna)산의 코앞까지 와 있다. TV에서 보던 그 산을 오르기 위해 아침 일찍 서둘렀다. 날씨는 한껏 맑았고 우리 숙소 안뜰에서도 산이 선명하게 보였다. 어제까지만 해도 산은 연기를 뿜었다. 그 연기는 여인의 머리카락처럼 하늘길로 길게 늘어져 카타니아 시내를 감싸며 은하수처럼 흘렀다. 과연 에트나는 한국에서 날아온 초대받지 않은 불청객들을 기꺼이 받아 줄 것인가. 비장한 각

멀리 보이는 에트나 화산

오까지는 아니더라도 친구들의 얼굴에는 언뜻언뜻 긴장감이 흘렀다.

당일치기로 정상까지 오르려면 우선은 케이블카가 시작되는 산의 중턱까지 운전을 해야 했다. 구불구불한 길을 따라 계속 올라가다 보니 강원도 산골 어디쯤 지나고 있다는 착각이 들 정도로 우리 숲과 비슷한 느낌의 도로를 지났다. 그리고 넓게 펼쳐지는 작은 나무 군락지가 나타났다. 찾아보면 에트나산은 백두산보다도 훨씬 높다(3,403m). 최근 화산 폭발 이후 산의 키를 다시 재 보았더니 높이가 40m나 더 커졌다고 한다. 에트나는 분명 살아 있는 게 틀림없다.

한 시간 정도 올라왔을까. 케이블카 출발점에 도착했다. 사람들이 북적이고 시끌시끌했다. 대부분 대형 버스로 올라온 관광객들인데 울긋불긋 등산복 차림의 사람들은 거세게 불어 대는 바람을 막아 내느라 얼굴을 모자로 감싸고 사진을 찍었다. 이 높은 산꼭대기에 레스토랑, 기념품 상점, 매표소 등이 자리를 잡고 있었다. 용암이 뭐 대수냐는 듯 그들은 도시 복판의 상점들과 다를 바 없이 평화로운 일상을 보내고 있었다. 지난 폭발에 이 건물들은 어떻게 살아남았을까. 그들은 그저 자신의 운명을 하늘에 맡길 수밖에 없지 않았을까.

우리는 멀쩡하게 생긴 운이 좋아 보이는 건물의 매표소에 줄을 섰다. 순간, 에트나는 경각심을 주려는 걸까, 갑자기 귀가 먹먹해졌다. 침을 꿀꺽 삼켰다. 우리는 한국 스타일대로 각자 생수를 한 병씩 챙기고 에너지바를 주머니에 넣었다. 어쩌면 점심이 될 수도 있는 간식거리였다.

케이블카는 흔들거리며 꽤 긴 시간 산을 올라갔다. 발아래는 온통 검은색 화산재가 덮여 있었고 화산재 사잇길을 한 걸음, 한 걸음 걸어서 올라오는 등산객들이 보였다. 우리는 그들의 무릎관절과 체력을 부러워했다. 그리고 사람이 검은 바탕의 개미처럼 보이는 신기한 풍경을 담기 위해 연신 셔터를 눌렀다.

그리스 신화에서, 이 산 아래에는 티폰(Typhon)이라는 거대한 괴물이 잠들어 있다고 한다. 그 괴물은 신들의 왕 제우스에게 패배해 이곳에 갇힌 채 지금도 분노와 고통 속에서 몸부림치고 있다. 화산이 거대한 검은 연기를 내뿜거나 용암을 쏟아 낼 때면, 그것은 단순한 자연현상이 아니라 티폰의 신음소리라는 것이다. 티폰! 알겠으니 제발 오늘만큼은 진정해 주면 안 되겠니?

덜컹 소리와 함께 케이블카가 스르르 멈추었다. 케이블카에서 내린 다음은 탱크처럼 단단하게 생긴 버스를 타야 했다. 바람은 더 거세게 불어서 바로 옆사람과 말하기조차 힘들 정도였다. 탱크버스는 수시로 사람들을 실어 날랐다. 저 멀리 산으로 올라가는 버스와 흔들흔들 산에서 내려오는 버스 그리고 검은 땅. 에트나의 풍경은 올라갈수록 거칠고 심플해졌다.

드디어, 버스에서 하차했다. 그런데 땅에 발을 딛자마자 거세게 몰아치는 바람에 눈을 뜰 수조차 없었다. 우리 가이드의 목소리는 바람에 날려갔다. 또박또박 천천히 말해 줘도 알아듣지 못할 판에 이런 상황에서 이탈리아 사람의 영어 발음 듣기 평가가 제대로 될 리 만무했다. 바람에 날리는 모래 알갱이는 입 속은 물론 귓속까지 파고들었다. 귀를 손으로 만질 때마다 서걱서걱 소리가 났다. 마치 석탄더미 속에 빠진 것 같았다. 신발 속에는 모래가 한가득 들어찼다. 온통 검은빛의 세상에 나무 한 그루, 풀 한 포기 보이지 않았다. 화산이 폭발하면서 분화구에서부터 수백 미터 하늘을 날아왔을 용암 덩어리가 그대로 곳곳에 바위가 되어 남아 있었다.

언젠가 본 영상에서는 화산 열기로 계란도 구워 먹고 하던데, 그런 낭만적인 화산은 도대체 어디에 있단 말이지? 바람에 날아가려는 모자를 한 손으로 누른 채 앞서 가던 친구가 재미있다는 듯 소리쳤다.

"앞으로 걸을 수가 없어. 바람, 바람."
"뭐라고? 잘 안 들려."

젠장, 등산 시 유의사항 중에 바람 조심하라는 말은 없었다. 추울 수 있으니 방한복을 준비하라든가 등산화를 신어야 한다고는 했지만, 고개 처박고 걸어가도 사람이 바람에 날아갈 수 있으니 대비하는 게 좋을 거라는 경고의 말은 찾아볼 수 없었다. 바람이 이 정도일 줄은 정말 꿈에도 생각하지 못했다.

"바람 때문에 갈 수가 없어."
"……."
"무슨 소리 하는지 안 들려. 빨리 가기나 해."

우리는 앞사람을 뒤따라 몸을 비스듬한 각도로 기울인 채 마치 스케이트 선수처럼 화산길을 올랐다. 이러다가 정말로 사람 몸이 날아갈 수도 있겠다는 생각이 들었다. 아차해서 발을 한번 헛딛는 순간, 저 아래 언덕까지 그대로 굴러갈 테고 나를 받쳐 줄 만한 나뭇가지, 풀 한 포기 하나 없으니 혼자서 기어 올라오는 것도 불가능하겠지. 여기서 구르면 끝장이겠구나 싶은 생각에 몸이 더욱 움츠러들었다. 나는 바람을 등지고 생수병을 꺼내 물 한 모금을 들이켰다. 일행들은 마치 좀비들처럼 고개를 처박은 채 한 발, 한 발 앞으로 걷기에만 열중하고 있었다.

여행은 예상하지 못한 순간들로 가득 차 있어 더욱 특별하다. 에트나산의 거친 바람 속에서 느끼는 두려움과 경외감은 자연이 남긴 강렬한 메시지였다. '우리는 자연 앞에서 작고 초라한 존재일 뿐, 그저 그 위대함을 바라보며 스스로를 돌아볼 기회를 얻는 손님에 지나지 않는다.' 나는 이 문장의 진정한 의미를 이제는 알 수 있을 것 같았다.

에트나의 경험은 지나고 나니 오히려 선명한 기억으로 남았다. 우리 삶도 마찬가지 아닐까. 때론 예기치 못한 바람에 휘청거리며 길을 잃을 것 같아도, 결국 그 바람이 우리를 더 단단하게 만들어 주는지도 모른다. 나에게 에트나는 화산이 터지는 불의 산이 아니라, 삶의 겸손함을 가르쳐 준 바람의 산으로 남아 있다.

유연하고 열려 있는 사고

이런 마인드를 갖기가 쉽지 않은데

 '빠니보틀'은 혼자 여행하기를 즐기는 여행 유튜버다. 지금은 공중파에도 출연하는 가장 핫한 인플루언서로 성장했지만 처음부터 그랬던 건 아니다. 그가 올린 영상을 보면 혼자서 여행하는 콘텐츠가 대부분이다. 그의 영상에서는 살아 있는 그대로의 날것 냄새가 난다. 수산시장에 가지런히 누워 있는 생선이 아니라, 어부의 그물에 걸려 올라오는 펄떡거리는 물고기 냄새 말이다.
 언젠가 빠니보틀이 강호동과 여행에 대한 서로의 생각을 나누는 영상을 보았다(출처: Naver Now). 정확한 워딩은 아니지만 그 내용은 대략 이렇다.
 빠니보틀은 이렇게 말한다.

 "영상에 달리는 댓글 중에 '빠니보틀' 여행이 진짜 여행이다, 돈 많이 쓰고, 호텔 가고, 리조트 가는 여행은 여행이 아니라는 글들이 많다.

그런데 이 말은 틀렸다고 본다. 그것도 여행이고 이것도 여행이다. 여행은 이기고 지는 게 아니다."

강호동은 어느 여행가의 말을 빌려 이렇게 질문한다.

"여행은 혼자 떠나는 게 여행이지, 두 명부터는 관광 아닌가."

어찌 보면 이 말은 강호동이 아니라 빠니보틀이 해야 할 말 같았다.

"그건 잘못된 생각이다. 혼자든 둘이든 다 여행이다."

빠니보틀의 말을 듣고 강호동이 맞받아쳤다.

"어떤 여행가가 말하기를 혼자 하는 여행 속에서 진정한 자유를 느낀다고 하더라."

초롱초롱한 눈으로 빠니보틀은 이렇게 대답했다.

"여행은 새로운 데를 가 보고, 새로운 사람을 만나고, 새로운 음식을 먹는 게 여행이다. 여행은 정의 내릴 이유가 없다고 생각한다."

짧은 대화 속에서도 빠니보틀은 자기의 이상 세계에 갇혀 세상을 이분법적으로 바라보지 않는다. 유연하고 열려 있는 사고를 하고 있다. 『열한 계단』이라는 책에서 작가 채 사장은 자기만의 세계와 신념에 갇혀 있는 사람들의 나약함에 대해 말한다.

> "그들이 나약한 이유는 여러 가지입니다. 배움의 부족으로 세상의 복잡성과 다양성을 수용할 준비가 되어 있지 않거나, 경제적인 자립을 하지 못하고 그 방법에서 두려움을 느끼거나, 현실에 대한 경험이 전무하여 타협과 조율에 익숙하지 않을수록 세상과 벽을 쌓고 작은 세계 안에서 완전함을 향유하려 합니다. 이들은 세상을 선과 악, 정의와 불의, 청결과 불결로 나누고 자기가 선, 정의, 청결의 편에 섰다고 단정합니다."

빠니보틀은 여행을 통해 세계를 나누기보다 포용하는 법을 배운 듯하다. 사고의 유연함은 타인의 삶을 이해하려는 깊은 이해와 배려심에서 비롯된다. 혼자든 여럿이든, 고급 호텔이든 허름한 골목이든, 우리가 부딪치는 모든 것이 여행이다.

여행이란 결국 낯선 세계 앞에서 나의 고정관념이 무너지는 경험이다. 열린 마음이란, 그 무너짐 속에서 다시 세계를 받아들이는 너그러운 태도다.

바다와 자유

오르티지아(Ortigia)의 현인

우리는 오르티지아섬에서 요트 투어를 하기로 했다. 사실 말이 요트 투어지 10인승 작은 배를 타고 섬을 둘러보는 것이 전부였다. 오르티지아섬은 시칠리아의 주요 관광지인데 카타니아와 연결하는 다리를 놓았기 때문에 이곳이 '섬 안의 또 다른 작은 섬'이라는 느낌은 전혀 들지 않았다. 미팅 포인트에 도착했을 때 선착장 근처 허름한 천막 아래 두 명의 남자가 자리에 앉아 있었다. 알림판 거치대에 의자 하나, 테이블 하나가 전부였다. 허술하기 짝이 없는 햇볕 가림막 아래에 검붉게 그을린 얼굴과 팔뚝의 문신이 시선을 끌었다. 그들이 한 일이라곤 우리가 가져온 예약서류의 QR코드를 찍어 보는 게 전부였다. 그래도 배를 타고 바다를 나가는 건데 이건 너무 대충대충 일을 하는 것은 아닌지 은근히 걱정이 생겼다. 선창가에는 낡고 오래된 선박들이 밧줄에 줄지어 묶여 있었고 바다 물살에 따라 출렁거렸다. 우리가 타는 배는 어떤 걸까? 그때 작은 천막이 처져 있는 통통배가 우리들 앞으로 통통통 다가왔다. 친구가 얼굴을 나에게 가까이 대면서 나지막이 말했다.

"나는 구명조끼 없으면 안 타련다."

그도 그럴 것이 우리 앞에 도착한 배는 관광을 위한 배치고는 너무 작고 낡아 보였다. 친구가 구명조끼를 말하자 너 나 할 것 없이 모두가 구명조끼를 챙겼다. 접수를 받던 남자가 우리가 타는 배의 선장을 소개했다.

"Hello, Good morning"

마른 체구에 키가 큰 할아버지가 나타났다. 이건 또 무슨 상황인가. 흰색 티셔츠 하나 걸치고 구부정하게 인사하는 모습이 우리가 알고 있던 그런 캡틴의 멋진 모습이 아니었다. 그럴싸한 마도로스 모자는 고사하고 반바지 차림에 운동화를 신었는데 흰 수염이 얼굴의 반을 가리고 있었고 백발 머리를 뒤로 질끈 묶어 힙한 할배 패션을 보여 주었다. 격식이 뭐가 그리 중요하냐고 백번 양보한다고 해도 그렇지, 그의 차림새는 계속 신경이 쓰였다.

"안녕하세요."
"치아오(Ciao)."
"Hello."

제멋대로 인사하는 우리들 모습이 재미있었는지 선장은 한 손을 크게 흔들며 유쾌하게 웃었다. 우리는 구명조끼 끈을 단단히 조여매고 안전손잡이를 꽉 붙잡았다. 잔잔한 파도에 햇살은 따뜻했고 부드러운 바람이 머리를 날렸다. 할아버지 캡틴, 프란체스코가 운전하는 통통배는 서서히 넓은 바다를 향해 나아갔다.

배는 오르티지아 해안을 따라 천천히 움직였다. 채석장으로 쓰이던 절벽과 돈이 넘쳐나는 어떤 부자가 지었다는 호화로운 별장 옆을 지났다. 작은 배는 출렁이는 파도를 타고 리드미컬하게 움직이며 파도를 헤쳐 나갔다. 얼마를 나아갔을까. 저 먼 바다에 특이하게 생긴 암석이 보였다. 가까이 다가가 보니 그 위로 사람들이 올라가 있었다. 배를 타고 저 바위까지 간 것은 아닐 테고 아마도 해변에서부터 헤엄쳐서 온 사람들이 분명했다. 칼로 자른 듯 평평하게 생긴 암석이 바다 위에 우뚝 솟아 있었다. 선장은 검은 암석 근처에 다다르자 휴대폰 AI로 번역기를 돌렸다. 선장이 말하는 이탈리아어는 배 위에 스피커를 통해 한국 남자의 목소리로 바다에 울려 퍼졌다.

선장 프란체스코가 말했다.

"오늘 날씨도 좋고, 여러분들을 만나서 정말 기분이 좋습니다. 저기 보이는 바위는 제가 어렸을 때 올라가서 놀던 바위입니다. 해안에서 헤엄쳐 와서 놀곤 했는데, 처음으로 저 바위에서 바다로 다이빙하던 순간을 잊을 수가 없습니다."

오르티지아 해안

나는 이곳이 선장의 고향이라는 사실과 의외로 낭만적인 멘트를 날리는 그의 언변에 살짝 놀랬다.

"올해 나이가 몇 살이신가요?"

실례인 걸 알면서도 제일 궁금한 것이 그의 나이였다.

"저는 67세입니다."
"아, 그러세요? 그럼 저희보다 형님이시네요. 우리는 60입니다."

할아버지가 아니라 형님이었다니, 우리 모두는 바다 위 선상에서 오가는 AI 번역기 목소리에 집중하기 시작했다.

"이 중에서 누가 60입니까? 그런 사람이 없어 보이는데요."

유머인지 진심인지 아리송한 그의 질문으로 한바탕 웃음이 터졌다. 잔잔한 바다 근처에서 잠시 배가 쉬어 가는 타이밍. 친구들과 프란체스코는 서로의 담배를 나눠서 입에 물었다. 선장은 자기가 가져온 담배를 친구들에게 나눠 주고 한국산 담배 한 개비를 선물로 건네받았다. 그는 자기가 직접 말아 피우는 담배에 비해 우리 친구들이 가지고 온 한국 담배는 아무런 맛이 나지 않을 정도로 순한 맛이라고 어깨를 들썩거렸다. 이 담배는 별거 아니라는 듯 익살스러운 제스처를 해 가며 웃어 댔다. 자기가 더 상남자임을 인정하라는 뜻이었다. 한 친구가 그가 건넨 담뱃잎을 말아서 몇 모금 연기를 삼켜 보더니, 당신 담배가 더 세다는 얼굴로 프란체스코에게 엄지를 척 치켜세웠다. 농담을 받아 주는 한국의 승객들에게 선장은 만족한 듯 흡족한 표정을 지으며 담배 연기를 날렸다. 연기는 순식간에 바다 위로 흩어졌.

그와 좀 더 친해졌다는 느낌이 들던 순간, 나는 어렵게 질문을 꺼냈다.

"동양인 입장에서는 잘 모르지만, 이탈리아에서는 이탈리아 사람과 구분해서 시칠리아 사람들을 한눈에 알아볼 수 있다고 들었습니다. 마치 한국 사람이 일본 사람들을 알아보는 것처럼 말입니다."

"어느 정도는 맞습니다. 그런데 저는 이탈리아 본토 사람들의 삶에 관심이 없습니다. 그들은 그들이고 우리는 우리 삶을 살아갑니다."

프란체스코는 막힘없이 대답을 이어 갔다.

"사실, 나는 관광가이드가 아닙니다. 나는 어부입니다. 아들이 이 사업을 하고 있는데 오늘은 아들을 도와주려고 잠시 나온 것입니다."

차림새나 느낌으로 볼 때 관광가이드 느낌이 전혀 없었던 이유를 알 수 있었다. 그는 말문이 터진 아이처럼 말을 계속 이어 나갔다.

"얼마 전에는 내가 아주 큰 물고기를 잡았습니다. 내 배가 8m인데 7m나 되는 참치를 잡았습니다."

안경을 걸친 그는 자신이 얼마나 큰 참치를 잡았는지 그리고 그 참치를 배로 끌어올리는 일이 얼마나 힘들었는지를 설명했다. 그의 무용담에 우리는 놀라움과 박수로 화답했다. 이건 마치 헤밍웨이의 『노인과 바다』를 실사하는 느낌이라고 감탄했다. 우리는 번역기를 통해 들리는 선장의 말에 흠뻑 빠져들고 있었다. 선상에서의 대화는 계속됐다.

"그래서 그 참치는 가격이 얼마 정도 했습니까?"

우리나라 사람들이 참지 못하는 궁금증 하나는 그래서 얼마냐이다. 다 좋은데 그래서 얼마냐고. 친구 한 명이 기세 좋게 물었다.

"글쎄요. 칠백 또는 팔백? 그런데 가격은 그리 중요한 것이 아닙니다. 중요한 점은 우리가 무엇을 얻었느냐입니다. 물고기를 잡고 나서 내가 얻은 게 무엇인가를 생각하는 게 중요하다고 봅니다."

우리는 모두 뒤통수를 제대로 한 방 맞은 느낌이었다. 감춰진 속물근성이 만천하에 드러나 버린 그런 느낌. 그가 우리들의 속마음을 알아차린 건지 아닌지는 모르겠지만 계속해서 말을 이어 나갔다.

"나는 어부가 좋습니다. 나는 내가 일하고 싶을 때 일하고 내가 일하기 싫을 때 일하지 않습니다. 아무도 나에게 일을 하라 일을 하지 마라 시킬 수 없습니다. 내가 가장 중요하게 생각하는 것은 이 바다와 자유입니다."

바다와 자유. 선장은 미소를 지으며 먼 바다를 바라보았다. 우리들은 한동안 아무 말도 하지 못한 채 출렁이는 바다 위에서 잠시 생각에 잠겨 들었다. 누군가 당신이 시칠리아 여행 중 최고의 한 장면을 말해 보라 한다면, 나는 당연히 오르티지아에서 만난 캡틴의 '바다와 자유'

를 떠올릴 것이다.

　나를 얽매던 속박에서 벗어나는 것에만 집착했던 시간들, 단지 탈출만이 자유라고 생각했던 나의 지난날이 떠올랐다. 진정한 자유는 내가 무언가를 선택할 수 있는 존재라는 사실을 깨닫고, 그 선택의 책임을 온전히 받아들이는 데 있다.

　철학자 존 스튜어트 밀은 이런 멋진 말을 남겼다.

　"자유란 단지 얽매임이 없는 상태가 아니라, 삶의 목표를 의식적
　　으로 선택하고 실현하는 능력이다."

　이어지는 질문. 나의 자유로운 삶, 그래서 어떻게 살아갈 것인가?

오르티지아 해안

탁월한 요리를 찾아서

파인다이닝, 매번 이럴 수는 없지만

어린 시절 우리 집은 가난했다. 따지고 보면 그때는 우리나라 모두가 가난했던 시절이었다. 마당 하나를 사이에 두고 다섯 집인가 여섯 집인가 옹기종기 모여 살았는데, 허름한 기둥과 녹슨 양철지붕의 모습이 지금도 어렴풋하게 기억에 남아 있다. 그중의 한 집이 우리 집이었다. 우리가 살던 집은 문을 열고 들어가서 연탄 밥을 짓는 부엌이 있었고 작은 쪽문을 열고 방으로 들어가는 그런 구조였다. 커다란 솥에는 항상 무엇인지 김을 내며 부글부글 끓고 있었는데, 더울 때는 너무 덥고 추울 때는 너무 추운 그런 단칸방에 우리 식구는 복작거리며 살았다. 물론 옆집도 비슷했다. 부엌 하나, 방 한 칸. 어린 나는 다들 그렇게 사는 것인 줄 알았다.

아마 내가 초등학교도 들어가기 전이었을 것이다. 하루는 옆집 아주머님이 마당 한쪽으로 나를 불러냈다. 하얀 국물이 담긴 큰 그릇을 손에 들고 빨리 이리로 와 보라는 손짓을 했다.

"아가야, 이것 좀 먹어 봐라."

그분 얼굴은 기억에 없지만 딱히 먹을거리가 없어서 항상 배고프던 시절이었으니 내가 싫다고 마다할 리가 없었을 것이다.

"쭉 마셔 봐라. 어여, 쭉 마셔 봐."

나는 대접에 담긴 하얀 국물을 들이켰다. 세상에 이런 맛이 있었던가. 소금간이 된 콩국물이라는 것을 그때 난생처음으로 먹어 보았다. 어린 나에게는 그야말로 말 그대로 천국의 맛이었다. 그렇게 기가 막힌 맛은 처음이었다.

"어이구, 잘 먹네, 잘 먹어."

어린아이가 비릿한 콩냄새를 싫어할 법도 할 텐데, 사발째 꿀꺽꿀꺽 들이키는 모습을 보고 아주머니는 얼마나 기특하고 재미있었을까. 어머니와 아주머니 두 분은 번갈아 가며 나를 보고 활짝 웃었다.

먼 훗날 어머니께 물어서 알았지만 그분은 시장에서 콩국수 장사를 하시던 분이셨다. 그날도 고된 하루를 보내고 팔다 남은 콩국물을 집에 가지고 돌아왔을 것이다. 그리고 어린 나를 보았겠지. 그날 당신이 내어 준 콩국물 한 사발이, 한 아이의 인생에 최고의 음식이 될 줄은 꿈에도 놀랐을 것이다.

어린 시절 파편처럼 조각난 맛의 기억들을 되살릴 수는 없겠지만 나에게 세상에서 가장 순수하고 완벽한 음식은 예나 지금이나 여전히 콩국수가 1위 자리를 차지하고 있다. 콩물과 국수 그리고 약간의 소금. 이 얼마나 담백하고 절제된 조합인가. 소박하지만 결코 가볍지 않은 재료들이 스스로 빛나는 음식이 아닌가. 오죽하면 언젠가 콩국수에 대한 책을 써 보리라 다짐을 했을까. 전국 5대 콩국수에 대한 기사를 읽고, 나의 단골 콩국수 집이 전국 다섯 손가락 안에 들어간다는 사실에 혼자서 흐뭇해하기도 했다. 한여름 시원한 콩국수 한 그릇은 내 삶의 뿌리까지 담고 있다.

맛이란 무엇인가? 맛을 느낀다는 것은 또 무엇일까?

사람이 맛을 느끼는 것은 화학작용의 결과다. 음식에 포함된 화학물질, 즉 맛 분자는 혀 표면의 맛 봉오리의 미각 세포와 접촉을 하게 되는데 각 미각 세포는 특정한 맛을 감지하는 수용체 단백질을 가지고 있다.

예를 들어 설탕의 당분자는 G단백질 연결수용체와 결합할 때 감지할 수 있다. 일부 짠맛이나 신맛은 수용체 단백질 대신 이온 채널을 통해 감지된다. 미각세포의 화학신호는 전기적 신호로 변화하게 되고 이 신호는 미각신경을 통해 뇌로 전달이 된다. 그 신호는 연수, 시상, 그리고 대뇌피질의 미각피질로 전달되어 맛을 인식한다. 동시에 후각 촉각 온도와 같은 감각과 결합하여 맛이라는 경험이 완성되게 된다.

하지만 이것이 전부는 아니다. 어린 시절은 미각이 가장 민감하고 새로운 맛을 배우는 중요한 시기인데 이때 경험하게 되는 어릴 적 음식은 단순히 맛의 경험이 아니라, 과거로 돌아가게 만드는 시간 여행의 매개체 역할을 할 수도 있다. 우리가 맛을 느낄 때, 음식의 맛뿐만 아니라 당시의 환경이나 주변 사람들, 그 느낌까지도 뇌가 함께 기억을 하는 것이다. 이 기억은 뇌의 편도체와 해마 부위에서 강화되며, 나중에 동일한 음식을 먹을 때 다시 활성화가 되는 것으로 알려져 있다. 내가 콩국수를 최고의 음식이라 말하는 데는 다 이유가 있었다.

우리 친구들은 모두 가난한 어린 시절을 보냈다. 먹는 것도, 입는 것도 큰 차이 없이 살아온 덕에 우리는 자연스레 비슷한 삶을 공유하며 여기까지 왔다. 그래서 생각했다. 지나온 시간과 우리 삶을 돌아볼 때, 여기까지 살아왔다면 한 번 정도는 고귀한 대접을 받을 만한 자격이 충분하지 않을까? 물론 그 대가를 한 끼 식사로 다 표현할 수는 없겠지만 말이다.

"그래서 말인데, 시칠리아 최고의 요리사가 선보이는 특별한 식사를 한번 경험해 보면 어떨까? 매일은 아니더라도, 이번 여행의 의미를 생각하면 충분히 가치 있는 일 아닐까 싶어."

물론 한 끼 먹는데 너무 과한 거 아니냐는 목소리도 있었고, 경비를 왜 그런 데 쓰려고 하느냐는 불만도 있었다. 가족을 위한 것도 아니고 나만의 호사를 누리기 위해, 한 끼 식사에 이렇게 큰돈을 써 본 적이 평생 단 한 번도 없었던 삶이었으니 어쩌면 당연한 반응이기도 했다.

"그래도 생각해 봐. 우리 친구들, 살아오느라 정말 애썼잖아. 그런 우리에게 스스로 한 번쯤 제대로 된 대접을 해 보는 거야. 음식 만들기에 평생을 바친 요리 장인의 작품을 맛본다는 거, 상상만 해도 멋지지 않아? 물론 집에 와서 라면을 다시 끓여 먹는 한이 있다 해도, 이번 기회만큼은 놓치고 싶지 않아."

결국 의견이 모였다. 미슐랭 스타 레스토랑을 가 보자고. 모든 미슐랭 스타 레스토랑이 무조건 최고라는 건 아니겠지만, 오랜 시간 검증된 기준을 믿어 보기로 한 것이다.

내가 찾아본 바로는, 원스타 레스토랑은 요리 자체로 최고점을 받은 곳이고, 투스타는 요리뿐 아니라 셰프의 창의성과 가치가 더해진 곳. 그리고 쓰리스타, 즉 별 세 개는 요리와 셰프의 조화가 예술의 경지에 이른 곳으로, 방문 자체가 여행의 목적이 되는 곳이라 한다. '꿈보다 해몽'이라더니 어찌 그리 잘 갖다 붙였는지 이럴 때 쓰는 말인 듯하다.

시칠리아에는 쓰리스타 레스토랑은 없고, 투스타가 두 군데 있었다. 미슐랭 스타 근처에도 가 본 적 없는 대한민국 촌놈(?)들은 시칠리아 땅 한쪽 구석에 자리 잡은 라구사 두오모(Duomo) 투스타 레스토랑을

급하게 예약했다.

"넥타이라도 매야 되는 거 아냐?"
"슬리퍼 신고 가는 건 좀 그렇지?"

과연 메뉴 주문은 제대로 할 수 있을까? 말이 안 통할 텐데 어쩌지? 이런저런 걱정도 들었지만, 솔직히 우리 모두 은근히 들떠 있었다. 살짝 설레는 마음으로 말이다.

품격 있는 식사 탐험기

우리의 여행은 재즈와 닮았다

　그렇지 않아도 낯선 레스토랑의 분위기에 익숙하지 않았던 우리는, 바로크 양식이라는 건물을 둘러보며 머뭇머뭇 자리에 앉았다. 바로크 양식이라는 게 교회의 권위를 살리고 신앙심을 높이기 위한 건축물 스타일이라더니, 분명히 사람을 약간 주눅 들게 만드는 효과는 있는 듯했다. 식탁은 깔끔하게 세팅이 되어 있었고 검은 정장을 갖춰 입은 남자 종업원이 노련한 자세로 와인(아페리티보, Aprritivo)을 채워 나갔다. 약간 머리가 벗어지고 검은 테두리 안경을 쓴 그는 한눈에 보아도 베테랑의 느낌을 풍겼다.

　이럴 때 쓰는 말이 화려하지는 않지만 격조가 있다고 했던가. 인테리어 장식이 기분을 편안하게 만들었고, 은은하게 비추는 조명이 식탁의 노란 꽃을 더욱 돋보이게 만들었다. 창가의 테이블에서 한 커플이 식사 중이었는데 그들이 나누는 이탈리아 대화가 재즈 피아노 음악에 실려 나지막하게 들려왔다. 우리 중 누군가 어색한 분위기를 참기 어려운 듯 연신 헛기침을 해 댔다.

　생각해 보면 가족동반 없이 나이 먹은 남자 친구들끼리만 파인다이닝을 찾는 일은 우리의 상식으로는 절대로 있을 수가 없는 일이다. 비즈니스도 아니고 단순히 우정을 나누기 위해 이런 곳을 찾는다? 내 상식으로는 상상하기도 힘들다. 이런 조합이라면 무조건 소주에 삼겹살집을 가는 것이 국룰일 것이다. 시끌벅적한 분위기와 고기 타는 냄새에 익숙한 삶을 살아온 대한민국 대표 아저씨들에게 지금의 이 상황은 차라리 탐험에 가까웠다. 내 고집에 못 이겨 마지못해 끌려온 친구들에게 한순간 미안한 마음마저 들었다.

　우리는 미리 런치세트를 예약했기 때문에 이탈리아 메뉴판을 연구하느라 시간을 낭비할 필요는 없었다. 아저씨들의 선택장애를 제거하는 가장 현명한 방법인 세트메뉴로 절반의 고비는 넘었다고 보아야 한다. 종업원이 긴장감 넘치는 자세로 음식을 준비하고 있는 사이 나는 AI 번역기 어플을 켰다. 문제는 믿었던 번역기의 배신이었다. 엉뚱한 해석이 우리를 더욱 혼란스럽게 만들었다. "재료는 무엇으로 만들었나요?"를 돌렸더니 "제 고양이는 파스타를 좋아합니다"라는 식으로 나오는 바람에 대화를 이어 가기가 쉽지 않았다.

　음식이 나오자 우리는 약간 긴장했지만, 침착하게 한국말로 질문을 하고 번역기를 통해 이탈리아어로 변환했다. "이거 먹는 순서가 있나요?"라는 간단한 질문조차 번역기가 "당신의 운명을 믿으세요"라고 말하는 순간, 우리는 그만 허탈한 웃음을 터뜨렸다. 종업원도 우리가 뭔

가 이상한 말을 한 걸 눈치챘는지 살짝 미소를 지었다. 우리는 AI 번역기의 의도까지 해석해 가며 단답형으로 질문하고 문어체로 말을 했다. 번역기 하나면 누구와도 소통할 수 있는 세상이 열렸다더니 우리에겐 아직도 갈 길이 멀게만 보였다.

와인은 그때그때 식사에 맞추어 나왔다. 종업원이 진지한 얼굴로 각 와인의 특징을 설명하는 동안, 우리는 와인을 한 모금씩 맛보며 "이게 진짜 최고급이라는 건가?" "나야 잘 모르지."라며 눈빛으로 대화를 나눴다.

파스타는 완벽한 알덴테(Al dente, 씹었을 때 단단함이 느껴지는 설익은 상태)였다. 자고로 면이라는 것은 충분히 익혀서 먹어야 한다고 배웠던 덕분에 우리는 이 사실을 알고도 당황스러울 수밖에 없었다.

그런데 스테이크는 정말로 부드러웠다. 친구들은 충청도 남자가 표현할 수 있는 최고의 찬사를 보냈다.

"이건 괜찮네. 먹을 만하네."

이어서 달달한 디저트와 과자 속에 숨겨진 아이스크림이 나왔다. 한 친구가 짐짓 아는 체를 했다.

"모든 음식은 아이스크림이 나오면 식사의 마무리라는 뜻이야. 이제 음식은 다 나온 것 같다."

하지만 민망하게도 그게 마지막이 아니었다. 식사 시간이 두 시간 정도 지났으니 그렇게 생각하는 것도 무리는 아니었다. 솔직히 말해서 나도 맞는 말이라고 맞장구를 치려다 타이밍을 놓쳤는데, 그때 말을 덧붙이지 못한 것이 얼마나 다행이었는지 모른다. 마치 끝날 듯 끝날 듯 이어지는 재즈의 리듬처럼 창의적인 요리들은 계속 이어졌다.

식사를 하면서 자연스럽게 의견이 갈렸다. 한 친구는 "아니, 음식은 배불리 먹어야 제맛이지. 이렇게 조금씩 나오는 건 고문이야, 고문!"이라고 투덜거렸다. 다른 친구는 와인잔을 흔들며 "아냐, 이렇게 천천히 음미하면서 먹어야 진정한 즐거움이야. 그냥 배만 채우는 건 패스트푸드지."라며 반박했다. 우리는 그 순간 서로의 의견에 고개를 끄덕이며 웃음을 터뜨렸다. 사실 배불리 먹고 싶은 마음과 음식을 음미하고 싶은 마음, 둘 다 맞는 말이 아니던가?

우리는 헤드셰프 치치오 슐타로(Ciccio Sultano)와 함께 사진을 찍었다. 우리가 멀리 한국에서 왔다고 하자 그는 "최고의 손님들"이라고 엄지를 치켜세웠다. 우리는 그에게 "최고의 경험이었다"라고 진심을 전

달했다. 메인셰프와 매니저 그리고 서빙을 담당했던 직원들까지 모두 함께 어울려 '치즈'와 '김치'를 외치며 사진을 찍었다. 이렇게 장장 세 시간에 걸친 파인다이닝 탐험이 마무리되었다.

16세부터 요리사의 길을 가고 있는 셰프 슐타노는 자신의 홈페이지에 이렇게 썼다.

> "요리에 생기를 불어넣는 것은 재즈에서 즉흥적으로 연주하는 것과 같습니다. 천 번이라도 할 수 있지만 매번 그 순간의 감정을 반영하기 때문에 요리는 매번 다릅니다."

계획에도 없던 일정과 새로움에 대한 호기심 그리고 기대하지 않은 만남이 어우러져 잊지 못할 이야기를 만드는 순간들. 우리의 여행은 악보를 창작하면서 동시에 연주하는 재즈의 애드리브와 닮았다.

식당 밖으로 나서며 한 친구가 큰 소리로 말했다.

"다음엔 번역기 없이 삼겹살에 소주 한잔하자. 내가 살게!"

우리는 이렇게 격조 높은 하루를 뻐근하게 마무리했다.

시칠리아 화산 와이너리

화산이 터진다는데 와이너리에 가자고?

시칠리아에 도착한 날부터 와인을 마셨다. 첫날 저녁 친구 S는 DOCG 와인(최고등급의 품질보증 와인 표시, Denominazione di Origine Controllata e Garantita) 서너 병을 비닐봉지에서 꺼내어 무심하게 식탁에 올렸다. 이건 자신이 쏘는 거라는 농담 한 마디라도 던질 법한데, 그는 생수병 꺼내듯 아무렇지도 않게 와인병을 테이블 위에 늘어놓았다. 오는 길에 모두가 슈퍼마켓에 들렀을 때 조용하게 혼자서 와인을 골랐을 것이다. 언제나 친구들 뒤에 서서 도움을 주던 그의 스타일 그대로였다. 그날 저녁 넓은 마당 나무 아래 식탁에 모여 앉아 소주 대신 우정이 담긴 와인잔을 폼 나게 기울였다.

사실 여행 출발 전 각자 준비해야 할 개인준비물 품목에 소주가 들어 있었다. 인당 소주 3병. 우리가 지내야 할 밤들을 계산해 보면 터무니없이 부족한 양이라 생각했지만 무거워지는 가방을 고려해 적당선에서 타협을 한 숫자였다. 우리는 숙소에 도착하자마자 각자 가방 속에 고이 모셔온 소주를 귀중품 다루듯 조심스럽게 냉장고에 채워 넣었다. "와. 냉장고가 꽉 차네." 하지만 시칠리아에서 우리를 기다린 건 이탈리아의 오리지널 와인이었다. 멀리 한국에서 날아온 '코리아 소주'는 그대로 냉장고에 갇힌 채 찬밥 신세가 되어 버렸다.

늦은 밤, 블루투스 스피커에서 '동네꼬마 녀석들'로 시작되는 그때 그 시절 대학가요제 노래가 시칠리아 밤하늘에 울려 퍼졌다. 우리는 신이 나서 와인잔을 들었다. 요즘 잘나간다는 트로트가 나오면 또 한 잔을 마셨고. 최백호의 '낭만에 대하여'를 부르며 건배를 외쳤다.

와인에 대해, 여행에 대해 그리고 살아가는 이야기를 나누었다. 술을 좋아하는 K는 와인에 대한 이야기를 풀어놓았다. "나도 잘 몰라."라고 시작한 와인 이야기는 소주파가 듣기에는 거의 박사급의 전문가 수준이었다. 그가 와인을 마시는 정기모임을 가질 정도의 와인 애호가라는 사실을 아무도 모르고 있었다는 것이 신기할 따름이었다. 우리는 전문가의 지침에 따라 와인의 색깔을 바라보고, 흔들어 보고, 냄새를 맡고, 한 모금 마신 다음에 음미를 했다. 그리고 와인병을 또 열었다. 친구가 "이 와인은 좋은 와인이야"라고 말하면 그 와인은 그냥 좋은 와인이 되었다.

치즈가 떨어지고 와인이 바닥날 때까지 술자리는 계속되었다. 바람은 신선하고 달빛은 부드러웠다. 그렇게 매일같이 일주일을 달렸다. 몸은 지치고 체력이 바닥을 찍는 건 당연한 수순이었다.

우리는 와이너리 예약시간에 맞추기 위해 에트나 화산을 내려오자마자 구불거리는 험한 길을 한 시간 넘게 운전해야만 했다. 게다가 초행길이 이었던 탓에 나뭇잎이 우거져 있는 와이너리 입구를 그대로 지나쳐 버렸다. 덕분에 우리는 차를 돌려 한참을 되돌아와야 했다.

"안내 표지판이 너무 성의 없는 거 아냐? 좀 크게라도 만들든가."

뒷자리 앉아 꾸벅꾸벅 졸던 친구가 하품을 하며 목이 잠긴 목소리로 투덜거렸다. 나름 멋지고 근사한 무엇인가를 기대했는데 초라하게 서 있는 와이너리 표지판을 보고 괜한 심통을 부렸다.

와인 생산량으로만 따져 본다면 이탈리아는 세계 1위의 와인 생산국이다. 와인 하면 으레 프랑스를 떠올리게 되는데 실제로 와인에 진심인 나라는 이탈리아다. 지금은 전 국토에서 와인을 생산하고 있지만 이탈리아에 최초로 와인이 보급된 곳은 바로 이곳 시칠리아다.

 멋 옛날 그리스인들이 시작한 것으로 추정되는 포도농사는 그들이 포도 재배 방법이나 와인 제조법을 시칠리아에 전하면서 와인의 품질이 크게 향상되었다고 알려져 있다. 특히 시라쿠사와 에트나 화산 지역을 중심으로 발달한 와인은 당시만 해도 신성시하는 음료로 여겼다고 한다. 알고 보면 시칠리아 와인은 수천 년의 오랜 역사를 가지고 있다.

 내가 조사해 본 바로는 시칠리아 와인은 토착 품종을 잘 활용하는 와인으로 유명하다. 지중해의 태양이 빚어내는 시칠리아 와인은 전통적으로 마르살라(Marsakla) 지역의 와인이 널리 알려져 있다. 브랜디를 첨가해서 만드는 강화 와인으로, 단맛과 알코올 도수가 높다. 많은 관광객들이 단지 와인을 마시기 위해 마르살라 지역을 찾는다.

네로 다볼라(Nero d'Avola)는 시칠리아의 대표 적포도 와인인데, '시칠리아의 카베르네 소비뇽'이라고 불릴 정도로 진한 색과 강한 바디감이 있다. 자두, 초콜릿 등의 풍미를 느낄 수 있다.

네렐로 마스칼레제(Nerello Mascalese)는 에트나 화산 지역의 대표적 적포도 품종으로, 미네랄리티가 강한 독특한 와인이다. 흙과 붉은 체리 향의 느낌이 있으며, 부드러운 타닌과 높은 산도가 있다. 와인 초보인 나로서는 왜 굳이 흙 맛을 느껴야 하는지 이해하기 힘들지만, 여하튼 흙 맛의 느낌이 있다고 한다. 에트나 로쏘(Etna Rosso)가 대표적인 와인이다.

네렐로 마스칼레제 와인에 관해 전해 오는 흥미로운 이야기가 있다. 『와인의 역사(A Natural History of Wine)』(이언 태터솔, 롭 디셀 저)라는 책에 나오는 이야기인데 저자는 에트나 화산의 와인의 경험에 대해 이렇게 서술하고 있다.

"에트나산 중턱에 칼데라라 소타나(Calderara Sottana)라는 와이너리가 있다. 여기서는 네렐로 마스칼레제(Nerello Mascalese)와 네렐로 카푸치오(Nerello Cappuccio) 포도로 만든 탁월한 와인이 만들어진다. 19세기 후반에 필록세라라는 해충이 에트나산의 중턱을 휩쓸었을 때, 이곳의 포도밭 한구석에서 자라던 포도나무 두 그루가 살아남았다. 그리고 지금까지 그 자리에서 뿌리를 내리고 자라고 있는데. 이제 130년 이상이 되었고 여기서 수확한 포도는 주변에 있는 접목 포도와 섞지 않고 따로 와인을 만든다.

운이 좋게도 우리는 두 포도나무에서 만든 와인을 모두 마셔보았다. 분명히 두 포도나무는 유사한 품종이고, 약간의 타르와 함께 미네랄 같은 흙냄새가 난다는 특성을 가지고 있다. 보통 칼데라 소타나 와인은 순한 탄닌을 바탕으로 짙은 과일 향과 오래 지속되는 마무리로 훌륭했다. 그러나 또 하나의 미묘함이라고 표현할 수밖에 없는 필록세라 이전의 경쾌하고 뚜렷한 과일 향미에 우리는 감동하고 말았다."

필록세라 병충해에서 살아남은 이 두 그루의 나무는 미국의 포도나무와 접목하지 않은 유럽 DNA를 간직한 순수한 포도나무를 상징한다. 에트나의 오랜 전통을 이어 가는 유산으로의 가치가 있다는 평가를 받는다.

백포도 품종의 와인으로는 카타라도(Catarratto)가 있는데 시칠리아에서 가장 많이 재배가 되고 상쾌한 맛과 부드러운 산도를 지닌다. 인졸리아(Inzolia) 와인 역시 향긋한 맛의 화이트 와인이다. 그릴로(Grillo)는 복합적인 맛의 화이트 와인이다. 이 와인은 카타라도와 인졸리아의 교배종으로 열대과일과 감귤의 맛을 내는 깔끔한 맛을 가지고 있다. 마르살라 와인의 주요 품종이다.

감비노(GAMBINO) 와이너리의 풍경은 마치 한 폭의 그림처럼 눈앞에 펼쳐져 있었다. 끝없이 이어지는 포도밭은 따스한 햇살 아래에서 빛났고, 저 멀리 넓은 바다 지중해가 장대하게 펼쳐졌다. 에트나 화산 기슭에 자리 잡은 자갈투성이 땅은 강인한 생명력을 상징하는 듯했다. 산들바람이 포도 잎을 가볍게 흔들며, 키가 작은 포도나무 사이로 부드럽게 퍼지는 흙냄새와 달콤한 포도의 향기가 코끝을 스쳤다.

와이너리 내부로 들어섰다. 벽에는 시칠리아의 역사와 문화를 담은 다양한 액자들이 걸려 있었다. 그중에서도 나의 시선을 사로잡은 것은 에트나 화산이 폭발하는 장면을 담은 그림 한 장이었다. 흰 눈 위에 흘러내리는 붉은 용암의 모습이 푸르른 포도밭과 대조를 이루며, 자연의 거친 힘과 인간의 끈질긴 생에 대한 의지를 보여 주는 듯했다.

우리는 카타니아 출신 소믈리에 카르멜라(Carmela)의 안내를 받았다. 지난해 한국을 여행했다고 자신을 소개한 그녀는 우리를 반갑게 맞이했다. 카르멜라는 그림을 가리키며, "이 화산이 우리의 토양을 특별하게 만들어요. 화산재가 와인에 독특한 미네랄 풍미를 더해 주죠."라고 설명했다.

그녀는 소믈리에이기도 하지만 얼마 전 소설을 출간한 작가이기도 하다. 시칠리아의 로맨스를 소재로 한 책을 썼는데 어릴 적 읽었던 로미오와 줄리엣의 비극적인 결말이 싫어서 해피엔딩으로 끝나는 이야기를 써 보고 싶었다고 했다.

 카르멜라는 한 손으로 와인병을 받쳐 들고 흘러내리는 머리를 연신 쓸어 올리며 열정적으로 에트나 와인에 대해 설명을 했다.

 하지만 안타깝게도 우리는 이탈리아 억양의 영어도 알아듣기 힘든 판에, 처음 듣는 생소한 와인의 이름까지도 이해하느라 죽을 지경이었다. 친구 몇몇은 바닥난 체력 때문에 무너지기 일보 직전이었는데 거기에 와인이 한 모금 들어가고 나서 거의 무장해제가 된 형편이었다.

 누군가 식탁 위에 놓인 햄이나 치즈 안주 대신 김치라도 먹어야 하는 것 아니냐는 실없는 농담을 던졌다. 그녀는 우리들의 지친 표정을 살펴 가며 천천히 아주 천천히 그리고 또박또박 설명을 이어 나갔다. 나이도 제법 있음직한 그녀는 흐트러짐 없는 미소를 유지한 채 우리들의 궁금증을 풀어 나갔다.

"에트나 화산 와인은 시칠리아 동부의 에트나 화산 경사면, 고도 700~1200m에서 재배된 포도로 만들어졌습니다. 화산 토양(테루아로) 덕분에 와인은 과일향이 풍부하면서도 독특한 미네랄 느낌이 나고 신선하면서 깔끔한 맛이 특징입니다. 마실 때 붉은 체리와 약간의 흙 내음을 느낄 수 있고, 끝맛이 부드럽고 깔끔해요."

나는 한국에 없는 와인을 선물로 가져가는 게 좋을 것 같아 물었다.

"이 와인은 한국으로 수출이 되나요?"
"아직은 수출이 안 됩니다. 제가 한국에 방문했을 때도 직접 몇몇 상점을 확인해 보았는데 우리 와인은 찾지 못했습니다."
"제가 달달한 와인을 좋아하는데, 이 와인은 어떨까요?"
"단 와인을 좋아하신다면, 이 와인은 조금 드라이할 수 있어요. 과일의 자연스러운 단맛과 상쾌함을 느낄 수 있을 거예요. 단맛 와인을 원하시면 이런 다른 옵션도 있습니다."

우리는 자신의 직업에 대한 자긍심을 가진 사람에게서만 느낄 수 있는 진정한 열정을 카르멜라에게서 볼 수 있었다. 그녀의 말투와 눈빛에서는 시칠리아 와인에 대한 깊은 애정과 삶을 대하는 진지한 태도가 고스란히 전해졌다. 와이너리를 나설 때쯤, 우리의 양손에는 그녀가 추천해 준 와인병이 들려 있었다.

시칠리아 와인은 그저 흔한 음료가 아니라, 이 땅의 역사와 자연, 그리고 사람들의 열정이 어우러진 결정체임을 느꼈다. 숙소로 돌아오는 길, 차 안에는 와이너리에서의 여운이 가득했다. 병 속에 담긴 와인을 언제 열어 볼지, 누구에게 선물하고, 어떤 음식과 함께할지 이야기하며 우리는 다시 한번 시칠리아의 매력에 빠져들었다.

인생 최고의 선물

여행에서 만난 사람

"…테이크 어 포토, 플리스."

낯선 목소리에 뒤를 돌아보니 나이가 지긋해 보이는 백인 어르신 한 분이 나를 보며 미소를 짓고 있었다.

"오, 예스. 슈어."

나는 그의 휴대폰을 받아 들었다. 에트나 화산을 배경으로 포즈를 잡고 활짝 웃는 그의 모습이 화면에 담겼다. 어깨에 가벼운 배낭 하나 둘러메고 물병을 손에 들고 있었는데, 주름진 얼굴에 세월의 흔적이 묻어 있었다. 주변에 함께하는 일행이 보이지 않았다.

"혼자 여행 중이신가요?"

내가 조심스럽게 묻자 그는 고개를 끄덕이며 투박한 영어발음으로 되물었다.

"어디서 오셨나요?"

셀카를 찍고 있던 나를 보며 동양에서 온 외로운 여행자라고 생각했을지도 모른다.

"저희는 한국에서 왔어요. 친구들과 함께 왔는데, 환갑을 맞이한 기념으로 시칠리아에 오게 되었어요. 한국에서는 특별한 의미가 있는 생일이거든요."

그의 얼굴에 익숙한 듯한 친근한 미소가 떠올랐다. 마치 오래된 친구를 만난 듯한 느낌이었다.

"와우, 멋진 일이군요. 정말 좋아요."

그는 눈을 반짝이며 말했다.

"저는 독일에서 왔습니다. 올해로 83세가 되었어요. 몇 달 전, 제 아내가 먼저 세상을 떠났습니다. 그래서 지금은 혼자 여행을 하고 있습니다."

그의 목소리는 담담했지만, 말 속에는 깊은 아련함이 묻어 있었다. 나는 순간 말을 잇지 못했다. 갑자기 처음 보는 사람, 그것도 낯선 외국인에게 이런 말을 듣게 되다니. 나는 어찌해야 될지 몰랐다.

"아… 그랬군요. 정말 안타깝습니다."

그는 부드럽게 미소를 지으며 어깨를 으쓱였다.

"괜찮습니다. 시칠리아는 정말 멋진 곳이죠. 60세라니, 아직 한창 젊을 때입니다. 지금이 여행하기 딱 좋은 나이예요. 많이 다니고, 많이 경험하세요. 그것이 인생 최고의 선물이랍니다."

나는 그의 말에 고개를 끄덕였다.

"고맙습니다. 정말 좋은 말씀을 해 주셔서 감사해요. 좋은 여행 되세요."

그는 빙긋 웃으며 가볍게 손을 흔들었다.

"감사합니다. 여러분도 즐겁고 안전한 여행 하시길 바랍니다."
"네, 감사합니다. 좋은 여행 되세요!"

그는 밝은 미소를 지으며 언덕 위 버스 정류장 쪽으로 천천히 발걸음을 옮겼다. 나는 잠시 서서 그의 뒷모습을 바라보았다. 버스가 멈추고, 그는 차분한 걸음으로 버스에 올랐다.

여행의 길 위에서 만나는 인연. 작가 이병률의 말처럼 어떤 사람은 스쳐 지나가고, 어떤 사람은 머물고, 또 어떤 사람은 내 안에 작은 집을 짓는다.

"야, 빨리 와. 시간 없어. 출발해야 돼."

자동차 시동을 켠 채로 나를 재촉하는 친구들의 목소리가 들려왔다. 나는 마지막으로 에트나 화산을 한 번 더 뒤돌아 본 뒤 발걸음을 돌렸다.

영화 〈대부〉를 기억하는 마을

사보카(Savoca)

　자동차는 험한 산길을 끝없이 올라갔다. 길은 마치 뱀이 기어가듯 구불거리며 마을로 이어졌는데, 안전 손잡이를 얼마나 꽉 쥐고 있었던지 손바닥이 저려 왔다. 창밖으로 가파른 절벽과 산등성이가 스쳐 지나갔다.

　사보카(Savoca)에 가까워질수록 도로는 더욱 좁아졌고, 주차할 공간을 찾기가 어려웠다. 마을은 이미 관광객들로 붐비었다. 우리는 간신히 길가의 흰색 라인으로 표시된 작은 공터에 자리를 잡았다. 주민이 겨우 이천 명 정도밖에 안 된다는 이 마을에, 관광객만 대충 어림잡아도 하루에 천 명은 족히 넘을 듯 보였다. 주변을 둘러보니 젊은이들보다는 연륜이 느껴지는 여행객들이 많았다. 이곳이 한 시대를 풍미한 영화의 흔적을 간직한 장소라는 걸 실감할 수 있었다.

　영화 〈대부(The Godfather)〉(1972)의 감독, 프란시스 포드 코폴라는 실제 마피아 세계를 구현하기 위해 시칠리아를 찾았다. 그러나 그의 눈에 들어온 것은 현대화된 코를레오네(Corleone)가 아니라, 중세의 정취를 고스란히 간직한 작은 마을 사보카였다. 석조 건물과 좁은 골목길, 그리고 '바 비텔리(Bar Vitelli)'의 분위기는 영화 속 그 시대를 완벽하게 재현하기에 충분했다.

감독은 젊은 마이클 코를레오네(알 파치노)가 아폴로니아의 아버지에게 청혼하는 장면을 이곳에서 촬영했다. 시칠리아의 시골마을로 몸을 피신한 마이클은 아름다운 여인 아폴로니아의 강렬한 눈빛에 이끌려 첫눈에 반하게 된다. 당시 시칠리아의 풍습으로는 남자가 먼저 여자에게 직접 접근하는 것이 허용되지 않았다. 부모가 정해 주는 짝과 결혼을 해야 했던 우리의 옛 풍습과 많이 닮아 있었다. 마이클은 청혼을 위해 그녀의 아버지를 찾아간다. 검은 양복을 정중하게 차려입고, 칼로와 몇몇 친구들과 함께 바 비텔리 앞에 도착한다. 아폴로니아의 아버지는 바 비텔리 안에서 다른 마을 사람들과 함께 와인을 마시고 있었다.

마이클이 말을 걸었다.

"저는 뉴욕에서 온 마이클 코를레오네입니다. 당신의 따님을 사랑하게 되었습니다."

아폴로니아의 아버지는 깜짝 놀란다.

"당신은 제 딸과 한 번도 이야기를 나눈 적이 없지 않소?"

마이클은 말한다.

"시칠리아에서는 어떤 여인을 처음 본 순간, 그 여인을 평생 사랑하게 될 수도 있다고 들었습니다."

전통 결혼 관습을 존중하며 예의 바른 태도를 갖춘 마이클에게 아폴로니아의 아버지는 결혼을 허락한다.

바 비텔리는 입구에서부터 사람들이 길게 늘어서 있었다. 하필이면 단체 손님들이 도착하는 시간과 겹쳐 버린 듯했다. 돌담 건물은 온통 덩굴잎으로 뒤덮여 있어 멀리서 보면 마치 동굴처럼 보였다. 하지만 사람들은 이곳이 영화 〈대부〉의 촬영지임을 단번에 알아보았다. 사실 〈대부〉 마니아가 아니라면 굳이 이런 오지까지 찾아올 이유가 없을 테니까. 내부뿐만 아니라 테라스까지 빈자리 하나 없었고, 직원들은 몰려드는 인파를 통제하느라 정신이 없어 보였다. 입구를 막아서는 여직원의 표정은 마치 마피아 영화 속에서 막 튀어나온 듯 단호했다. 그녀의 눈빛은 '이 안은 꽉 찼어요. 더 이상 안 돼요. 기웃거리지 마세요.'라고 말하는 듯했다. 품속에 총이라도 한 자루쯤 숨기고 있는 것처럼 당당해 보였다.

이 카페에서 영화 〈대부〉를 추억하며 그윽하게 커피를 마시는 상상을 수도 없이 해 왔건만, 어처구니없게도 우리는 입구에서 컷을 당해 버렸다.

'바 비텔리' 앞 공터에는 영화감독 코폴라를 기념하는 조형물이 있는데, 카메라 렌즈를 들고 촬영하는 모습이 동판으로 새겨져 있다. 햇살을 받아 반짝이는 동판은 영화가 개봉한 지 50년이 훌쩍 넘은 세월에도 불구하고 여전히 이 마을을 빛내고 있었다.

우리는 바 비텔리에 들어가는 것을 포기하고, 바로 맞은편 카페에 자리를 잡았다. 한 친구가 "경치는 여기가 더 좋네!"라고 말하며 자리에 앉았다. 바람이 시원한 등나무 그늘 야외 탁자에 앉아 너 나 할 것 없이 에스프레소를 주문했다.

영화 〈대부〉를 기억하는 동판

이곳이 아니면 또 어디서 이렇게 멋진 커피 한 잔을 마셔 볼까. 눈앞에 펼쳐진 사보카의 풍경을 바라보며 진한 에스프레소에 설탕 한 봉지를 털어 넣었다.

산등성이 위에 아슬아슬하게 자리 잡은 집들, 오래된 성곽, 붉은 지붕들이 한눈에 들어왔다. 구불구불한 도로 너머로 지중해가 반짝였고, 한순간 모든 것이 영화의 한 장면처럼 느껴졌다.

삶이 궁핍했던 청년 시절, 나는 가끔 어두컴컴한 동네 영화관을 찾아가곤 했다. 그곳은 한번 입장하면 영화를 두 편씩이나 볼 수 있는 가

성비 최고의 극장이었다.
나처럼 가난한 자들을 위
한 유일한 문화공간이기
도 했다. 주로 철 지난 옛
날 영화나 B급 성인영화
를 상영했는데 실제로 영
화 관객은 손에 꼽을 정도
로 드물었다. 퀴퀴한 담배 냄새에 절어 있는 극장 한구석에 혼자 앉아, 연속 두 편의 영화를 보고 나면 저녁 먹을 시간이 훨씬 넘어 버렸다. 나는 벌겋게 충혈된 눈을 비비며 어둑어둑해진 거리로 나서곤 했다.

그곳에서 〈대부〉를 보았다. 어눌한 발음으로 상대를 압도하는 말론 브란도의 카리스마 연기에 빠져들었고, 잘린 말의 머리가 침대를 핏물로 적시는 장면에서 전율했다. 마이클이 세례에 참석해 성당에서 맹세를 하는 동안, 그의 부하들은 뉴욕 전역에서 적대 조직의 보스들을 무자비하게 제거해 나갔다.

"마이클, 당신은 사탄을 거부합니까?"
"예, 그렇습니다."

가장 성스러운 세례식 장면과 피의 복수가 벌어지는 장면이 번갈아 겹치며 화면을 채웠다. 겉보기에 선과 악은 어쩌면 같은 모습일 수도 있을 거라 생각했다.

마피아의 냉혹한 복수와 권력다툼, 그리고 자신의 운명에 강하게 맞서는 마이클이 나를 사로잡았다. 권력을 차지하려면 강해야 한다는 마초적인 메시지가 전부였다. 그때는 그랬다.

그러나 지금 나는 마이클의 운명을 본다. 점점 아버지를 닮아 가며 철저하게 고립되어 가는 마이클. 강한 사람이 되려 했지만 결국 가장 외로운 사람으로 남아 버린 코를레오네 패밀리의 보스. 자신이 원하지 않았던 길을 걸어가면서도 피할 수 없는 운명 속에 갇힌 한 남자의 인생 이야기를 바라본다.

영화 시간이 길어서 그랬는지, 아니면 극장주의 전략이었는지는 모르겠지만, 유독 〈대부〉만큼은 다른 영화와 동시에 상영하지 않았다. 당시 이 영화에는 '영화사에 길이 남을 작품'이라는 수식어가 늘 따라붙었는데 그 말이 과장이 아니었음이 증명되었다.

감독 코폴라가 영화의 무대로 선택한 이 작은 마을 사보카는 이제 영화의 성지가 되었다. 나는 'SAVOCA' 글씨가 큼지막하게 새겨진 티셔츠 한 장을 샀다. 친구도 나를 따라 셔츠를 집어 들었다. 여행을 오기 전 〈대부〉를 처음부터 다시 봤다고 말했던 그 친구였다.

사보카 SAVOCA

5억 1번째 방문자로서

타오르미나 원형극장에 앉아서

나는 이 자리에서 꼭 한번 저녁공연을 보고 싶었다. 서서히 기울어지는 태양빛이 극장의 붉은 벽돌과 회색빛 돌계단을 물들이며 공연이 시작될 무렵, 하늘은 주홍빛에서 점점 짙은 남색으로 변해 가고, 무대 위의 조명이 하나둘 밝혀진다. 어둠이 내려앉을수록 극장의 실루엣은 더욱 선명해지고, 별빛 아래서 공연이 펼쳐진다. 배우들의 목소리가 돌계단을 타고 울려 퍼지면 오래전 이곳에서 그리스 비극과 로마 희극을 보았던 옛 관객들의 환호성이 함께 들려올 것이다. 그러나 그런 일은 일어나지 않았다. 네버.

홈페이지를 며칠 동안 뒤져 보았지만 우리 일정에 맞추어 열리는 공연은 없었다. 공연이 아니라면 영화 한 편이라도 좋았을 텐데, 아쉽게도 공연장을 둘러보는 것으로 만족해야만 했다.

우리는 티켓을 사기 위해 박물관 매표소 앞에 줄을 섰다. 이곳은 원형극장 전체를 박물관으로 지정하고 관리를 하고 있었다. 우리가 공연을 보겠다는 게 아니라, 그저 구경만 하고 나오겠다는데도 조상 잘 만난 박물관 측은 에누리 없이 인당 12유로를 받았다. 예전에 영국의 축구 경기장을 찾은 적이 있었는데 박지성의 경기를 보는 것이 아니라 그저 경기장만 둘러보겠다는데 그곳도 입장료를 받았다. 우리는 뭐가 그리 비싸냐고 투덜거리며 극장에 올랐다. 그렇다고 여기까지 와서 그냥 되돌아갈 수는 없는 일 아닌가. 대한민국 국립박물관에 근무하는 친구는 멤버십 카드를 내밀었고 국제 박물관 멤버 자격으로 당당하게 입장을 했다. 멤버십 카드가 여기서도 먹힌다는 게 스스로 생각해도 신기했던지 연신 싱글싱글 흡족한 표정을 지었다.

지금으로부터 2,300년 전, 기원전 3세기. 단군 할아버지가 고조선을 세우고 한반도와 만주 일대에 철기시대가 자리 잡을 때쯤, 지중해 건너편 고대 그리스인들은 시칠리아 동부 타오르미나에 5천4백 명을 수용할 수 있는 원형극장을 세웠다. 10년이면 강산도 변한다고 했는데 극장을 세운 지 2천 년이 넘었으니 지금까지 이런 건축물이 실재한다는 사실 자체로 경이로울 따름이었다.

오늘의 타오르미나 원형극장(Teatro Antico di Taormina)은 상당 부분 그 모습이 그대로 남아 있다. 파손된 벽돌과 담벼락이 고풍스러운 느낌을 더욱 살려 주는 이곳은 매년 여름에 영화나 음악회, 오페라 등이 열리는 야외 공연장으로 활용된다. 한때 피비린내 나는 검투사들의 대결이 열리기도 했던 곳이라는 사실이 실감 나지 않는다.

자료를 살펴보면 극장의 지름이 약 109m, 무대에서 최상단 좌석까

지의 거리는 약 45m로 설계되었다. 이 극장은 자연 지형을 활용해 언덕 경사면에 맞춰 계단식 좌석을 배치했으며, 객석에서 바라보는 에트나 화산과 이오니아해 해변은 극장의 일부가 된다. 이 정도의 뷰포인트가 이 세상 어디에 또 있을까. 드넓은 바다 전망과 웅장한 화산 전망이 한눈에 들어오는 극강의 전망이 파노라마처럼 펼쳐지는 것이다. 프랑스 작가 기 드 모파상은 『시칠리아 기행(La Sicile)』에서 타오르미나에 대해 이렇게 말했다.

"이곳은 지상에서 가장 빼어난 풍경을 간직한 극장이다. 자연과 인간이 합작하여 만들어낸 걸작이며, 거대한 화산과 푸른 바다, 그리고 하늘이 무대의 일부가 된다."

친구가 소리쳤다.

"잘 들려?"

어느 관광객이 소리 지르는 것을 따라서 '따라쟁이' 친구가 무대에 올라 우리를 향해 소리를 질렀다. 객석은 위쪽으로 넓어지면서 반원형으로 펼쳐져 있는데 총 세 구역으로 나누어져 있다. 무대에 가까운 전면 좌석은 귀족과 고위층을 위한 것이었고, 중간 구역은 시민과 상인 계층, 가장 위쪽 좌석은 평민과 자유민, 일부 여성 관객을 위한 자리였다. 이렇게 만드는 것이 로마 원형극장의 전형적인 형태였는데, 이러한 형태는 극장의 음향 효과를 극대화하기 위한 의도적인 배치였다.

"응, 잘 들려. 이리 올라와. 사진 찍게."

우리는 평민의 자리에 앉아서 무대의 친구에게 손짓을 했다.
"이곳에서 음악이 울려 퍼진다면, 그 선율은 하늘과 바다, 산과 함께 어우러져 영원의 세계로 퍼져 나갈 것이다." 독일에서 온 작곡가 브람스도 틀림없이 이 자리에서 격렬한 예술적인 영감을 받았을 것이다.

타오르미나 원형극장

무대는 직사각형 형태이며, 뒤쪽에는 '스케나에 프론스(Scaenae Frons)'라 불리는 장식된 무대 배경이 있었다고 한다. 원래는 기둥과 아치로 화려하게 장식되어 있었고, 배우들이 등장하고 퇴장하는 출입구가 여러 개 배치되어 있었다고 한다. 나는 혹시나 하는 마음에 당시의 흔적을 찾아보려고 고개를 기웃거렸지만 알아볼 수 없었다.

그 오랜 세월 동안 이 극장에는 도대체 얼마나 많은 사람이 방문했을까? 연간 공연 횟수를 평균 50회, 극장 운영 연수를 2,000년으로 가정하면 단순 계산으로 5억 4천만 명이 다녀갔다. 매회 만석이 아니었을 가능성을 고려하면, 실제로 이곳을 거쳐 간 관객은 대략 5억 명 정도일 것이다.

5억 명이 다녀간 극장. 유적의 입장에서 생각해 보면 비바람이나 지진 등 자연재해보다 더 무서운 건 인간의 손길이었다. 역사상 힘깨나 썼다는 문명은 시칠리아를 그대로 내버려두지 않았다. 그리스, 카르타고, 로마, 비잔틴, 이슬람, 노르만, 프랑스, 스페인, 그리고 오스트리아를 거쳐 이탈리아에 통합되기까지 수많은 문명이 스쳐 갔다. 극장은 중세에 들어 채석장으로 전락했고, 현지인들은 극장의 돌과 기둥을 뜯어가 성벽과 교회를 짓는 데 사용했다. 지금의 모습은 관광지로 개발되고 복원된 덕분이지, 그대로 방치되었다면 우리는 책에서나 이 극장을 찾아볼 수 있었을 것이다. 이곳을 방문한 5억 명 중에는 독일의 대문호 괴테도 있었다. 1787년 5월 7일, 괴테는 관람석 가장 위쪽에 앉아 타오르미나의 풍경을 감상하며 이렇게 적었다.

"오른쪽에는 조금 높은 바위 위에 성채가 솟아있고 그 멀리 아래쪽에 시내가 보인다. 저 건축물들은 근대의 것이지만 옛날에도 역시 같은 장소에 비슷한 건물들이 있었을 것이다. 둘러보면 에트나 산맥의 산등성이가 전부 한눈에 들어오고 왼쪽으로는 시라쿠사까지 뻗은 해안선이 보이며, 이 광대 망망한 한 폭의 그림이 다하는 곳에 연기를 뿜어내는 에트나의 거대한 모습이 보인다."

- 괴테의 『이탈리아 기행』 중에서

5억 1번째 방문자인 나는 괴테가 앉아 있었을 법한 제일 위쪽으로 자리에 잡았다. 그가 보았던 에트나 화산은 여전히 연기를 내뿜고, 이오니아해는 변함없이 푸르렀다. 하지만 분주한 관광객들의 발자국 소리는 이곳이 이제 더 이상 고대의 공간만은 아님을 실감케 했다.

그리스의 늙은 상인이 공연을 보고, 로마 검투사 주인이 소리를 지르고, 프랑스의 은행원이 휴가를 왔던 자리. G7 정상들이 회의를 마치고 기념사진을 찍었던 자리. 수천 년 동안 무대와 객석을 채웠던 이야기들이 돌계단 위에 내려앉았다.

문명의 무게를 견뎌 온 이 돌계단에 앉아, 나는 과거와 현재가 교차하는 이 순간을 음미한다. 이곳을 지나간 이들의 흔적이 바람에 스치고, 머지않아 또 다른 여행자가 이 자리에 앉아 나와 같은 생각을 할지도 모른다. 시간은 흐르지만, 이곳은 여전히 사람들을 맞이하며 많은 이야기들을 품어 갈 것이다.

초기 인류의 사회적 본능

오르티지아 시장에서 생굴 하나 와인 한 잔

"야, 이거 한번 먹어 보자."

친구가 굴 껍데기를 한쪽만 까 놓은 하프셸(half shell)을 쳐다보며 말했다. 이것을 '하프셸'이라 부르는 것도 나중에 알았다. 테이블 위에는 윤기가 흐르는 생굴들이 가지런히 놓여 있었고, 앞치마를 두른 해산물 가게 청년은 쉴 새 없이 굴을 까며 관광객들의 발길을 붙잡고 있었다.

오르티지아 재래시장은 정신이 하나도 없었다. 상인들의 거친 외침, 바삐 움직이는 사람들, 해산물과 향신료가 뒤섞인 짙은 바다 내음. 낯선 공기에 들떠 있으면서도, 나는 선뜻 손이 가지 않았다.

"에이, 뭘 그런 걸 먹어. 우리나라 가면 맛있는 굴 천지야, 천지."

탁자 위에 무방비로 놓여 있는 생굴이 영 미덥지가 않았다. 이렇게 더운 날씨에 생굴이라니. 잘못 먹었다가 배탈이라도 나면 어쩌나 싶었다. 하지만 친구는 단호했다.

"야, 그래도 한번 먹어 보자니까. 굴 하나랑 와인 한 잔에 3유로네, 3유로."

친구는 짜증이 섞인 목소리로 굴과 와인 사진이 그려진 배너 입간판을 손가락으로 툭툭 두드렸다.

"뭔데 그래?"

앞서가던 친구들도 발길을 돌려서 되돌아왔다.

"유럽에서는 굴이 귀하고 비싸니까 저렇게 팔지만, 굳이 여기까지 와서 굴을 먹을 필요가 있겠냐?"

대단한 것도 아니고 시간도 없으니 그냥 가자는 친구들이 거들었다.

"이건 시칠리아 굴이잖아. 통영 굴이 아니고. 언제 또 여기서 시칠리아 굴을 먹어 보겠냐?"

그냥 먹고 가면 되지, 뭘 그리 따지냐고 핀잔을 주는 친구도 나타났다. 어차피 여행을 왔으니 새로운 걸 경험해 보자는 도전파, 굳이야 어디서 먹든 그게 그거지 별반 다르지 않다는 현실파. 의견은 팽팽히 갈렸다.

남자 열 명이 함께하는 자유여행, 크고 작은 갈등이 있을 수밖에 없었다. 유발 하라리에 따르면 원시인류나 침팬지는 소규모 집단일 때만 서로 친밀성을 유지하고 상호협력을 지속할 수 있다고 한다. 『호모 사피엔스』에서 유발 하라리는 우리가 어떻게 갈등을 해소할 수 있었는지 설명하고 있다. 자연 상태에서 침팬지 무리의 개체수가 20~50마리가 넘어가면 사회적 질서가 불안정해지고 불화가 생겨서 일부는 새로운 집단을 형성하게 된다. 서로 다른 무리가 되는 순간 영토와 먹을거리를 두고 경쟁을 하게 되는데, 다행스럽게도 우리는 10명의 소규모 집단에 들어간다.

초기 인류가 가진 소규모 집단의 사회적 본능 덕분에, 서로 친분을 맺고 위계질서를 형성하고 사냥과 싸움을 함께할 수 있는 능력을 갖춘 것이다. 우리는 본능적으로 나름의 협력 시스템을 구축해 놓았다.

총무가 전체 비용을 관리하고, 식사 담당이 먹을 곳을 정하고 결제하며, 렌터카나 투어 같은 큰 비용은 또 다른 담당자가 책임지는 식이었다. 그리고 예상치 못한 상황에 대비해 멤버 전원에게 일정 금액을 '비상금' 명목으로 지급했다. 비상금 사용은 영수증 없이 쓸 수 있지만, 남은 금액은 반환해야 한다는 조건을 걸었다.

"그럼 이건 비상금으로 하자. 먹고 싶은 사람은 먹고 가는 걸로."

결국, 도전파 친구가 비상금 카드를 꺼내며 승부수를 던졌다. 이 결정은 모두가 따라야 하는 공식적인 선언과도 같았다.

이런 상황을 위해 미리 마련해 둔 시스템이 빛을 발하는 순간이었다. 그렇게 우리는 오르티지아 시장 골목길에서 굴 한 개씩을 손에 들었다. 해산물 가게 청년이 건넨 레몬 한 조각을 힘껏 짜서 굴 위에 흩뿌렸다. 그리고 각자 손에 든 와인잔을 들어 올렸다. 굴을 한 입 베어 물자, 바다의 향이 입안 가득 퍼졌다. 짭조름한 바다 내음, 씹을 틈도 없이 스르르 넘어가는 부드러움, 그리고 그 뒤를 따르는 와인의 달콤한 여운.

우리 여행의 룰은 단순했다. 각자의 의견을 존중하자. 결정이 내려지면 군더더기 없이 움직이자. 돈과 선택의 문제로 불필요한 갈등을 만들지 말자. 그리고 무엇보다, 이 순간을 함께하자. 원시인류의 피를 그대로 이어받은 사피엔스 친구들은 손에 묻은 레몬즙을 가볍게 털어내고, 번잡한 시장 골목을 향해 다시 걷기 시작했다.

여행지의 평범한 아침

대서양의 일출

    우리는 대서양 일출을 보겠다는 일념으로 새벽바람을 맞으며 바닷가로 향했다. 한 손에는 휴대폰을 들고 지도를 따라 동쪽으로 걸었다. 숙소에서 20분 정도의 거리에 바다가 있었기 때문에, 일찍 서두른다면 하루 일정을 시작하기 전에 바다에 다녀올 수 있을 거라 생각했다. 휴대폰의 방향표시가 우리의 길을 안내했다. 날씨는 쾌청하고 공기는 신선했다.

    다른 친구들이 잠든 시간에, 우리 세 명은 골목길을 몇 굽이 돌아 마을을 지나고 올리브 농원을 지났다. 도로가 파여 있는 곳 여기저기에

시커먼 화산재가 그대로 있었다. 둘러보면 도로뿐만이 아니라 지붕 위나 나뭇잎에도 화산재가 보였다. 매일 청소를 한다 해도 쌓이는 화산재를 깨끗하게 치우기는 역부족일 것 같았다. 어쩌면 이곳 사람들에게 화산재는 치워야 할 어떤 것이 아니라 그들의 삶의 일부분이 되었는지도 모른다. 우리는 좁은 골목길에서 자동차가 지나갈 때마다 한쪽 길 옆으로 비켜서야 했다. 어스름하게 밝아 오는 마을 뒤편 멀리 거대한 에트나 화산이 보였다.

도착한 바닷가에는 수평선이 희미하게 밝아 왔다. 잔잔한 파도가 바위 사이로 밀려들고, 바다 내음이 비릿하게 풍겼다. 우리는 말없이 해가 떠오르는 바다를 바라보았다.

별다른, 특별할 것 하나 없는 바다 위로 태양은 아무런 감흥 없이 떠올랐다. 우리는 부스스한 얼굴을 한 채로 서로서로에게 셔터를 눌렀다.

"포토? 내가 찍어 드릴까요?"

고집스럽게 생긴 불도그 한 마리를 데리고 산책 중인 콧수염의 중년 남자가 사진을 찍어 주겠다고 말을 걸었다. 그는 낯선 동양인들에게 떠오른 아침 해를 배경으로 단체사진을 찍어 주었다. 아침 햇볕이 도로가에 늘어서 있는 건물들을 환하게 비추었다. 흰색 건물이 빛을 받아 붉은빛으로 물들었다.

바닥을 킁킁거리며 냄새를 맡고 있는 개의 목줄을 익숙하게 움켜잡으며 그가 말했다.

"나는 이곳에서 어질 적부터 살고 있습니다. 저기 보이는 집이 우리 집입니다. 그리고 저 회색 지붕이 우리 어머님이 사는 집이에요. 나는 아침마다 개를 데리고 산책을 합니다. 이 개는 산책하는 것을 좋아해서 아침마다 이 길을 걸어요."

그는 가까운 친구를 만난 것처럼 아무렇지도 않게 주저리주저리 말을 이어 갔다. 우리는 그의 말에 고개를 끄덕이며 이런 멋진 마을에 사는 것이 부럽다고 말했다.

"본 죠르노(Buon giorno)."

이때 도로 건너편에 몸에 착 달라붙는 러닝복을 입고 조깅을 하던 여자가 남자를 향해 손 인사를 건넸다.

"하이, 본 죠르노! 같은 마을 사람입니다. 저 여자는 이쪽 끝에 살아요."

인사를 받은 남자는 우리에게 여자가 사는 집을 알려 주었다.

"그렇군요. 아무튼 감사합니다. 좋은 하루 보내세요."

생전 처음 와 보는 시칠리아의 시골 바닷가 마을에서 마주한 익숙한 일상의 풍경. 우리는 왔던 길을 다시 걸어 숙소로 돌아왔다. 다른 친구들은 이미 잠자리에서 일어나 하루를 준비하고 있었다. 특별할 게 하나도 없었던 그날 아침의 바닷가, 문득 그곳이 생각나곤 한다.
여행지에도 삶은 흐른다.

유레카(Eureka)가 여기라고?

아르키메데스

　옛날에 어떤 학자가 목욕탕에서 옷도 입지 않고 뛰어나와 '유레카(Eureka)'를 외치며 집으로 달려갔다는 이야기는 아이들 동화책에도 나올 만큼 유명하다. 그는 '물속에서 받은 부력은 물체가 밀어내는 물의 무게와 같다.'고 정의했다. 그 부력의 원리를 발견한 사람이 바로 여기 시칠리아 시라쿠사(Siracuse) 출신이다.

　시라쿠사의 오르티지아 입구에는 2,300년 전에 살았던 아르키메데스(Archimedes)의 동상이 서 있다. 휴양도시와 전혀 어울리지 않는 뜬금없는 장소에 고대 그리스의 위대한 학자의 동상이 자리 잡고 있는 것이다. 이 자리가 얼마나 절묘한지 바둑으로 치면 실리와 명분을 다 차지하는 삼삼 자리쯤으로 보인다. 그저 아무 생각 없이 여름휴가를 즐기는 사람들에게 골목길 음주단속 경찰처럼 길 한가운데 딱 버티고 서 있다. 사람들은 꼼짝없이 동상을 바라보며 유레카를 떠올릴 수밖에 없다.

아르키메데스는 얇은 천 하나를 어깨에 두른 채 무심한 표정으로 항구 쪽을 바라보고 서 있다. 오른손에 들고 있는 거울은 로마가 시라쿠사를 침공했을 때, 거대한 거울 즉, 태양광 레이저총을 이용해 적의 배를 불태웠다는 전설을 의미하고, 왼손의 컴퍼스는 그가 이룬 수학과 과학 등 학문의 위대한 업적들을 상징적으로 표현하는 도구다. 그는 '구에 외접하는 원기둥의 부피는 그 구 부피의 105배다.'라는 아르키메데스의 정리를 완성했다. 또한 물건을 쉽게 들어 올리는 지렛대의 원리를 알아냈으며, 내가 학교 다닐 때 무조건 외워야 했던 3.141592 '원주율'도 그의 작품이다. 여기에 오지 않았더라면 아르키메데스가 이곳 출신이라는 사실을 알 수도 없었을 것이다.

인류 최초의 물펌프도 아르키메데스의 작품이다. 나일강가에서 물을 나르는 농부들을 위해 만들었다는 양수기는 나선의 원리를 이용하도록 설계되었다. 낮은 곳에서 높은 곳으로 물을 흐르게 만든 혁신적인 이 발명품, '아르키메데스 스크루 펌프'는 지금도 폐수처리나 식품포장산업 등에서 사용하고 있다. 그의 업적은 대충 열거만 해도 입이 딱 벌어질 정도로 놀랍기만 하다.

재미있는 것이 하나 더 있다. 흥행에 실패한 영화이긴 한데 시라쿠사 아르키메데스와 관련이 있다.

영화〈인디아나 존스: 운명의 다이얼〉(2023)은 해리슨 포드가 연기한 인디아나 존스의 마지막 시리즈다. 나는 '빰빠밤 빠아' 하는 경쾌한 시그널 음악과 함께, 유쾌하고 화려한 액션을 펼치던 해리슨 포드의 모습을 생생하게 기억한다. 이 작품에서 감독 스티븐 스필버그는 영원한 인디아나 존스, 해리슨 포드의 마지막 모험을 장식하기 위해 아르키메데스의 발명품을 모티브로 삼았다.

스필버그 감독도 이 자리에 서서 아르키메데스의 동상을 바라보며 영감을 받지 않았을까. 영화 속에서 인디아나 존스는 전설적인 고대 유물, 안티키테라 장치(운명의 다이얼)를 둘러싼 위험천만한 모험을 떠난다. 이 유물은 실제로 고대 그리스의 천재 수학자 아르키메데스가 설계했다고 추정되는 정교한 천문 관측기구이다. 100여 년 전 그리스 난파선에서 발견되어 현재 아테네 국립 고고학 박물관에 보관 중인 미스터리한 유물이다.

그러나 영화 속에서 이 다이얼은 오래된 천문학적 도구가 아니라, 시간을 넘나드는 힘을 가진 기계로 묘사된다. 이야기 후반부에서 인디아나는 다이얼을 통해 실제로 기원전 212년 시라쿠사로 이동하게 되며, 로마군이 시라쿠사를 침공하는 혼란 속에서 아르키메데스 본인과 직접 만나는 극적인 순간을 맞이한다.

이 장면에서 아르키메데스는 다이얼의 작동 원리를 암시하며, 이 기계가 단순한 유물이 아니라 미래에서 온 사람들을 인도하도록 설계된 시간 이동 장치임을 시사한다. 인디아나는 그제야 '운명의 다이얼'이 단순한 전설이 아니라 역사의 흐름을 바꿀 수도 있는 강력한 도구임을 깨닫는다.

오후의 뜨거운 햇살이 동상의 어깨를 따라 내려앉았다. 관광객들은 사진을 찍고, 짧은 감탄사를 남긴 뒤 서둘러 그늘을 찾아 떠났다. 아이를 데리고 온 아빠는 손가락으로 동상을 가리키며 무언가를 열심히 설명했지만, 아이는 손에 들린 아이스크림만 쳐다보고 있었다.

 아르키메데스의 위대한 학문적 성과는 그렇다고 치고, 나는 역사적 사실과 영화적 허구가 절묘하게 어우러진 역사 팩션의 눈으로 세상을 바라보는 것이 훨씬 재미있다. 무한한 상상력을 자극하는 데 이만한 것도 없다.

아르키메데스의 동상

시칠리아에서 욕먹은 이야기

이런 일도 있다

가파른 언덕길을 올라가고 있었다. 차선이 하나뿐인 데다가 길이 구불거려 앞차만 계속 따라갈 수밖에 없었다. 그날 운전은 S 차례였다. 평상시 친구의 차분한 성격을 믿었건만, 운전대만 잡으면 사람이 변한다더니 그를 두고 한 말이 아닐까.

"S가 의외로 운전이 세네."

뒷자리에 앉은 친구가 툭 하고 한마디를 던지자 여기저기서 성토가 쏟아졌다.

"나보고 운전 막 한다고 하더니 S에 비하면 나는 양반이다, 양반."
"어제 너보고 운전 좀 살살 하라고 한 말 사과할게. 나는 지금 멀미가 난다."

시칠리아의 산길 도로

S가 운전하는 차를 처음 타 본 우리들은 과감한 그의 운전 실력에 깜짝깜짝 놀라고 있었다. 앞차의 꽁무니까지 차를 바짝 붙이기, 출발할 때 급발진, 유턴은 과감하게, 도로는 아우토반처럼, 카메라는 무시.

"그래도 시칠리아까지 와서 사고 날까 봐 조심해서 운전하는 거야."

S는 겁먹은 우리의 표정을 살펴 가며 재미있다는 듯이 연신 싱글거렸다.

아무래도 운전대를 잡은 사람과 옆에 탄 사람은 체감하는 느낌이 다를 수밖에 없다. 운전자는 자신의 의지대로 핸들을 꺾지만, 뒷자리는 언제 무슨 일이 벌어질지 알 수가 없으니 무조건 불리할 수밖에. 아무튼. 우리 차는 9인승 밴 차량의 뒤를 따라 오르막 고가도로에 접어들었다. 앞선 차가 제법 컸기 때문에 전방의 도로 상황은 전혀 알 수가 없었다. 우리 차는 앞차를 따라 일차선 도로를 천천히 올라갔다. 뒤따라오는 차들도 한 줄로 서서 우리 뒤를 따랐다.

  앞선 차가 서서히 속도를 줄이는가 싶더니 도로 한가운데서 제자리에 멈추어 섰다. 운전석 창문이 내려왔다. 운전자는 손을 내밀고 위아래로 커다랗게 손짓을 하며 우리에게 멈추라는 사인을 보냈다.

"앞에 뭐가 있나? 길은 텅 비어 있는 것 같은데 왜 멈추라는 거지?"

  무슨 일인지 아무것도 모른 채로 그렇게 한참을 기다렸다. 하지만 앞차는 요지부동 움직일 줄 몰랐다.

  시간이 얼마나 지났을까? 운전의 달인 S가 예고도 없이 갑자기 왼쪽으로 핸들을 틀었다. 그리고 엑셀을 꾹 눌러 밟았다. 차체가 한 번 울컥하더니 차가 튕겨지듯 차선을 넘었다. 그리고 앞차의 오른쪽을 돌아나갔다. 사이드 미러가 부딪칠까 말까 아슬아슬하게 비켜 갔다. 우리 모두는 순간 말도 못 하고 "어! 어!" 하면서 놀라 소리를 질렀다. 우리 차는 멈추어 있던 앞차를 순식간에 추월해 버렸다. 눈 깜짝할 사이에 벌어진 일이었다. 그런데, 놀란 가슴을 쓸어내리는 사이 우리 눈앞에 한 번 더 아찔한 상황이 벌어졌다. 우리 앞으로 덩치가 어마어마하고 시커먼 버스가 갑자기 나타난 것이다. 진한 검은색 커다란 통유리창이 있는 관광용 대형 리무진 버스가 코앞에서 내려오고 있었다. 버스가 얼마나 크고 위협적이던지 우리 쪽 차선까지 먹어 들어오며 회전을 하고 있었다. 버스 운전자는 우리를 발견하자마자 급브레이크를 밟았다. 커다란 몸체가 앞뒤로 크게 흔들거렸다. 그리고 우리 차 바로 앞에서 급하게 멈추었다.

한순간 차 안에 적막이 흘렀다. 선글라스를 쓴 리무진 버스 운전자가 우리를 노려보았다. 아, 그랬구나. 이래서 앞차가 우리보고 기다리라고 신호를 주었구나. 큰 사고로 이어질 뻔한 순간이었다. S는 손을 들어 버스기사에게 미안하다는 손짓을 보냈다.

우리 차는 어쩔 수 없이 비상등을 켜고 후진 기어를 넣었다. 우리는 창문을 열고 뒤차에게 양해를 구했다.

"미안합니다. 뒤로 차를 빼 주어야 할 것 같아요."

차는 천천히 후진을 해 가며 리무진이 돌아서 나올 공간을 만들어 주어야만 했다. 뒤따라 줄지어 있던 모든 차가 동시에 비상등을 깜빡거리며 연이어 후진을 하기 시작했다.

잠시 후 버스가 무사히 빠져나갔다. 우리는 졸지에 민망한 처지가 되어 버렸다. 조금만 기다렸으면 좋았을 텐데, 그 한순간을 참지 못해 머쓱해져 버린 것이다. 잠시 한눈을 팔고 있는 사이, 이번엔 우리에게 추월당했던 차가 우리 차를 앞지르기 시작했다. 그 차는 서서히 움직여 가며 우리 바로 옆으로 차를 바짝 붙였다. 그리고 스르륵 창문이 내려왔다. 운전대를 잡은 남자는 우리를 향해 고함을 꽥 질렀다.

"F*** YOU!"

그의 가운뎃손가락은 우리를 가리키고 있었다. 지금 무슨 소릴 들은 거지? 기습공격을 당한 우리가 미처 반응할 시간도 없이 그 차는 떠나 버렸다.

한 연구에 따르면, 모국어는 감정과 밀접한 편도체(Amygdala) 같은 영역과 강하게 연결되어 있다고 한다. 우리나라 말로 욕설을 들으면, 즉각적으로 감정이 자극되고, 본능적인 반응이 나타나게 된다. 그런데 외국어로 된 욕설을 들었을 때, 그 말을 이해하기 위해 먼저 전두엽(Frontal Lobe)에서 논리적으로 해석하는 과정이 필요하다고 한다.

다시 말해, 감정적인 즉각 반응하기보다는, 먼저 "이게 무슨 말이지?"라고 분석하게 되므로, 감정적 충격이 상대적으로 약할 수밖에 없다. 우리는 절대로 겁을 먹은 게 아니라고 스스로 결론지었다. 절대로. 단지 외국어가 전두엽을 거쳐 가는 과정과 시간이 필요했을 뿐이라고 스스로를 위로하며 정신승리를 거두었다.

"너, 영어로 욕먹어 본 적 있어?"
"아니, 없어. 처음이야."

우리는 전두엽의 언어 처리 프로세스 기능 덕분에 아무런 데미지 없이 서로를 바라보며 킬킬 웃을 수 있었다. 살다 살다 면전에서 영어로 욕먹어 본 최초의 사건이 되었다.

누구냐, 넌?

프렌즈(Compagno)

 내가 어렸을 때, 남자는 부엌에 들어가는 게 아니라고 배웠다. 어머니는 내가 부엌 근처에만 가도 손을 휘휘 저으며 쫓아내셨다. "고추 떨어진다. 저기 가서 놀아라." 그래서 부엌일은 사소한 것 하나하나 어머니의 몫이었다.
 우리 집은 작은 한옥이었고, 부엌은 실내와 완전히 분리된 또 하나의 세계였다. 형제들과 나는 무거운 상을 나른다거나 80kg짜리 쌀 포대를 옮기는 일로 힘을 보탰을 뿐, 요리라는 것은 우리가 관여할 수 있는 영역이 아니었다. 가족들은 음식을 받는 쪽이었고, 어머니는 언제나 그것을 만들어 내는 쪽이었다. 그런 환경에서 자란 내가 직접 요리를 한다는 건 꿈에도 상상할 수 없는 일이었다. 그렇다고 아주 오래된 이야기도 아니다. 불과 몇십 년 전의 일일 뿐이다. 나는 그 틈에서 자랐다.
 그런데 이번 여행에서 예상치 못한 장면을 보게 되었다. 누가 시키

지도 않았는데 친구 S는 자연스럽게 주방으로 들어가더니 소매를 걷어붙였다. 손을 씻고 도마를 정리한 뒤, 능숙한 손놀림으로 칼을 꺼내 파를 다듬기 시작했다. 그의 손길에는 주저함이 없었다. 프라이팬에 기름을 두르며 가스불을 켜 달라고 하는 모습까지, 한눈에 봐도 능숙한 솜씨였다.

"저 정도면 셰프라고 불러야 하는 거 아니야?"

친구들은 평소와는 다른 S의 모습에 낯설어했다. 익숙한 듯 생선을 손질하는 그의 모습에 우리는 놀라움을 감추지 못했다. 가시를 제거하고, 살을 발라내고, 먹기 좋게 삼등분한 뒤 흐르는 물로 뽀득뽀득 씻어내는 과정이 군더더기 없이 깔끔했다.

"야, 너 이런 것도 할 줄 알아?"

우리는 서로 얼굴을 마주 보며 S의 새로운 면모를 신기해했다. 요리 도중 그가 내뱉는 한 마디, 한 마디는 자신감이 넘쳤다. "이건 소금보다 간장으로 간을 맞춰야 돼." 말하자마자 누군가 소중하게 모셔온 한국산 양념장을 그 앞으로 대령했다. "불 줄이고 뜸을 들이자." 그가 말하면 우리는 군말 없이 따랐다. 자연스럽게 식기와 수저를 준비하고 냉장고에서 김치를 꺼내 놓았다. 우리는 그저 S의 지시를 기다리며 주방을 힐끗거리기만 했다. H는 마당에서 큼지막한  새우를 굽고 있었는데, 이 정도면 다 구워진 건지 물으며 자연스럽게 S의 확인을 기다렸다. S는 한 번 훑어보더니 불이 너무 세다고 했다. H는 별말 없이 불을 줄였다.

사람들이 여행을 떠나는 이유를 찾아보자면 백만 가지도 더 넘겠지만, 고백하건대 우리가 원하는 여행은 '남들 다 가는 여행, 죽기 전에 다 같이 여행 한번 가 보자'는 지극히 단순한 일차원적 이유 때문이었다. 매일매일 똑같은 일만 죽도록 반복하며 살아온, 대한민국의 아버지라는 완장을 차고 있는 친구들에겐 공식적인 탈출구가 필요했다. 잃어버린 자아를 발견한다거나(도대체 이놈의 자아는 언제 발견하나?) 새로운 문화와 역사를 탐구하고 싶은, 그런 고상한 여행을 할 생각은 꿈에도 없었다. 그런 건 알랭 드 보통이나 괴테에게 맡겨 두고 우리는 그저 재미있게 놀다가 아무 탈 없이 우리의 일상으로 돌아오기를 바랐다.

개업 이래 삼 일 이상 병원문을 닫아 본 역사가 없다는 시골 치과원장은 자리를 비우기 전부터 환자들 걱정이 우선이었다. 특히 노인 환자들과의 약속을 어떻게 일방적으로 미룰 수 있겠느냐고 반문했다.

작은 회사를 다니는 친구는 이렇게 긴 시간 자신이 휴가를 가 버리면, 우리 회사는 어떻게 돌아가느냐고 아우성이었다. 그리고 출발 일주일 전까지 못 갈 수도 있다고 연막작전을 피웠다. 농담이 아니었다는 사실은 나중에 알았다.

퇴직 후 농부로 전업하고 시간이 제일 여유로워 보이던 초보 농장주인도, 여행을 떠나기 전 묘목에 물 주는 법부터 아들에게 전수해야 한다고 걱정했다. 물도 아무렇게나 막 뿌려대는 게 아니었다.

그래도 퇴직을 앞둔 공무원이 시간을 내기가 제일 여유로웠다. 의무적으로 써야 하는 휴가를 뒤로 미루면 그뿐이었다. 하지만 장시간의 부재로 부하 직원들의 눈치를 안 볼 수가 없었다.

산부인과 의사는 병원을 비우기 위해 치밀한 계획이 필요했다. 당직 순번을 조정하려고 수개월 전부터 작업에 들어가야 했다. 모든 휴가를 몰아 놓고 남들 당직 대신 서 주고 병원 사람들에게 떠들고 다니면서, 여행의 정당성을 확보해야만 했다. 여행을 좋아하는 사람은 의사라는 직업을 다시 생각해 보아야 할 것 같았다.

무려 방학이라는 어마어마한 혜택을 누리면서, 대학교 교직원으로 근무하는 친구는 건강을 걱정했다. 장시간 비행기를 타 본 것이 언제였는지 생각도 안 난다고 엄살을 피웠는데, 평상시 먹는 약을 꼼꼼히 챙기고 체중을 줄이는 쪽으로 현명한 선택을 했다.

한의사 친구는 여행을 즐기는 타입이 아니다. 내 주변에 여행에 그다지 흥미를 느끼지 못하는 사람은 이 친구가 처음이었다. 모든 사람은 여행을 좋아한다는 나의 편견을 깨는 역할을 했지만, 혹시 모를 아픈 사람을 대비해 한방 침까지 챙겨 왔다. 로마 입국장에서 엑스레이에 '침' 사진이 찍혔는데 그 사진을 놓고 공항 직원들끼리 토론을 벌이기도 했다. 어느 날 체력단련을 위해 테니스를 배우기 시작했다고 말해 모두들 놀라워했다.

세계 각지를 돌아다니며 해외 경험이 많은 한 친구도 회사퇴직을 앞두고 있다. 그는 우리보다 먼저 출발해서 유럽을 돌아보고, 우리보다 나중에 귀국해서 유럽을 더 돌아보는 일정을 잡았다. 말하자면 그 친구에게 시칠리아 여행은 교집합이었다. 그렇지만 그 친구도 집안 어르신 건강이 나빠지면서 일정을 단축해야 했다.

가족들 말고, 친구들과 여행을 해 보는 게 소원이라는 변호사 친구는 소송일정을 조정하느라 애를 먹었다. 다행히 여행 중 연휴가 겹치는 바람에 재판일정 시간을 맞추기가 그나마 수월했다.

이처럼 친구들이 일상에서 벗어날 수 없는 타당한 이유는 수도 없이 많았다. 하지만 우리는 일상 탈출이 간절히 필요했고 그 탈출을 감행하기 위해서는 서로의 도움과 지원사격이 필요했으며, 누군가 총대를 둘러메고 나를 따르라고 외쳐야 했다.

굳이 내 이야기를 하자면 그 총대를 메는 역할을 맡기로 한 것이다. 이 여행의 밑그림을 시작하면서 친구들에게 말했다. 나는 진심으로 인생에 남을 만한 멋진 여행을 해 보고 싶었다. 나에게 이 일을 맡긴 이상 나의 모든 것을 올인할 예정이다. 어떻게 들렸을지 모르지만 이 말이 친구들에게 먹힌 것 같다. 모두들 나에게 모든 것을 맡겨 놓고 큰 걱정을 안 하는 것 같았으니까. 어깨가 무거워진 나의 최대 걱정은 어떻게 하면 인생에 남을 만한 여행을 만들 수 있을까에 대한 고민이었다. 이렇게 나열해 보면 열 명이 여행을 함께했다는 사실 하나만으로도 거의 기적에 가까운 여행이었다.

그저 한번 떠나 보자고 시작했던 작당모의가 결국 우리 열 명의 중년을 시칠리아까지 이끌었다. 우리는 시칠리아의 멋진 유적과 타오르는 화산, 지중해 바닷가를 기대하며 이곳에 왔다. 하지만 정작 도착하고 보니 우리가 전혀 예상하지 못한 또 하나의 놀라움이 있었다.

그것은 바로 친구였다. 흰머리가 늘고 주름이 깊어진 친구들에게 이런 반전의 시나리오가 있을 줄이야. 우리는 오랜 세월을 함께했지만, 정작 서로의 깊은 부분까지는 알지 못하고 있었던 것이다.

"야, 이거 국물이 진짜 맛있다!"

　된장찌개 맛을 보며 누군가 감탄했다. 숟가락을 들던 모두가 고개를 끄덕였다. 우리는 그렇게, 오래도록 익숙하다고 믿었던 친구들의 새로운 모습을 발견해 가는 중이었다.

시칠리아, 기대와 현실 사이

낭만을 꿈꾸고 현실을 마주하다

    지난여름, 시칠리아는 혹독한 가뭄을 겪었다. 거의 다섯 달 동안 비 한 방울 내리지 않았고, 비옥했던 대지는 바싹 말라 버렸다. 뉴스에서 농부들이 애써 키운 작물을 포기해야 했다는 안타까운 소식을 전했다. 특히, 올리브와 포도, 아몬드와 같은 주요 작물들이 가뭄에 시달리며 생산량이 급격히 줄어들자 농민들은 생계유지에 어려움을 겪었다. 학자들은 기후변화와 지구온난화를 주요 원인으로 지목했다. 그럼에도 불구하고, 관광업을 중시하는 시칠리아 당국은 호텔과 리조트에 물을 우선적으로 공급하는 정책을 펼쳤다. 농부들은 항의했으나 달라지는 것은 없었다.

    우리나라에는 잘 알려지지 않았지만, 시칠리아는 매년 수백만 명의 여행객이 찾는 곳이다. 덕분에 우리 일행도 큰 불편 없이 여행을 즐길 수 있었으나, 관광업을 유지하기 위해 농업 기반의 지역 경제가 더욱 위태로워졌다는 비판이 뒤따랐다. 우리가 도시를 거닐며 유적을 감상하고 현지 음식을 맛볼 때, 정작 그 이면에서는 지역 주민들이 극심한 물 부족을 겪고 있었다. 우리는 시칠리아의 전통 요리를 배우는 '쿠킹 클래스'를 일정에서 제외했다. 요리에 큰 흥미를 느끼는 친구가 없었기에 아쉬움은 덜했지만, 이 선택이 어쩌면 우리가 할 수 있는 작은 배려일지도 모른다고 생각했다. 물론 이것이 최선이었는지는 여전히 물음표로 남아 있다.

출발을 2개월쯤 남겨 놓았던 여름, 유럽에서 가장 높은 시칠리아 에트나 화산이 4년 만에 폭발했다. 화산 경고 시스템 INGV(Istituto Nazionale di Geofisica e Vulcanologia, 이탈리아 국립지구물리학 및 화산학 연구소)는 마지막 단계인 레드(RED, 폭발이 임박한 상태로, 즉각적인 대피가 필요)를 발령했다. 우리나라 텔레비전 뉴스에서도 용암이 터지는 장면이 생생하게 방영되었다. 화산연기는 하늘 높이 수 킬로미터까지 치솟았고, 공항은 폐쇄되었으며, 주민들은 긴급하게 대피해야만 했다.

"우리 가는 곳이 저기 맞지?"

누군가가 TV 화면을 가리키며 말했다.

"저기를 올라간다는 거지?"

놀랍고도 당혹스러웠다. 왜 하필 우리가 여행을 계획한 이 시점에 화산이 폭발해야 하는지 야속하기까지 했다. 시칠리아는 7세기경 강력한 지진과 화산 폭발로 많은 건물이 무너졌다는 기록이 남아 있다. 최근에는 화산의 동쪽 측면에서 새로운 화산 분출이 시작되었고, 그 인근 마을들이 위험에 처해 있는 상태라고 알려져 있다.

우리가 할 수 있는 일이라곤 오직 화산이 잠잠해지기를 기다리는 것뿐이었다.

가뭄과 화산 폭발 소식이 연이어 들려오면서 '이런 상황에 꼭 시칠리아를 가야 할까?' 하는 고민이 생길 무렵, 또 다른 기사가 올라왔다. '시칠리아 호화 요트 침몰.' 영국의 빌 게이츠로 불리는 유명 IT 사업가의 호화 요트가 팔레르모 인근 바다에서 침몰했다는 뉴스였다. 그 사고로 유명 사업가와 금융인들이 사망했다고 했다. 공교롭게도 우리가 요트 투어를 하려고 했던 바로 그 장소였다. 친구들은 당연히 일정을 취소하자고 의견을 모았다. 그 대신 더 크고 안전한 3층짜리 큰 배를 타는 것으로 변경했다.

그러나 막상 시칠리아에 도착해서 배를 타기로 한 전날 기상이 악화되어 배가 출항할 수 없다는 문자를 받았다. 결국 바다 위에서의 요트 투어는 무산되었다. 우리는 일정을 한 번 더 변경해야만 했다.

"거기, 마피아가 있다는데 괜찮은 거지?"

누군가 걱정스럽게 물었다. 우리가 시가를 입에 문 채로 기관총을 둘러메고 거리를 활보하는 마피아를 직접 마주칠 일은 없겠지만, 이탈리아 정부는 여전히 '마피아와의 전쟁' 중이라는 사실을 뉴스를 보고 알았다. 법원은 마피아 조직과 200여 명의 피고인들에게 총 2,200년 이상의 징역형을 선고했다. 징역이 2,200년이라니. 2023년에 있었던 일이다.

그러나 이런 노력에도 불구하고 마피아의 영향력은 여전하다고 보고 있다. 사람들은 정치와 경제권력의 밀접한 관계가 그 배경이라 말하고 있다. 이탈리아 정부는 시칠리아 하면 가장 먼저 떠오르는 마피아의 이미지를 지우기 위해 여러 방면에서 노력하고 있다고 밝혔다.

우아한 생존의 기술

천년의 섬이 전하는 유연한 삶의 비밀

시칠리아 섬에서는 수천 년 동안 수많은 폭풍이 휩쓸고 지나갔다. 그리스인들이 이 땅에 신전과 도시를 건설했고, 카르타고의 배들이 항구에 정박했다가 떠났으며, 막강한 로마 군단의 행진이 이어졌다. 아랍의 상인들은 향신료를 남겼으며, 노르만의 기사들은 높은 언덕 위에 그보다 더 높은 성채를 쌓았다. 하지만 시칠리아의 갈대들은 여전히 그 자리에서 부는 바람에 춤을 추고 있다.

시칠리아 속담에 "Càlati juncu ca passa la china!"라는 말이 있다. 이는 "갈대야 몸을 낮추어라. 폭풍이 지나간다." 정도로 해석이 된다. 일반적으로 이 표현은 어려운 상황은 그리 걱정하지 않아도 시간이 지나가면 해결된다는 의미로 쓰인다. 어려움을 잘 참고 견디라는 뜻도 담고 있다.

시칠리아 사람들은 갈대에게서 삶의 지혜를 배웠다. 강한 바람이 불 때는 잠시 고개를 숙이고, 폭풍이 지나가면 다시 일어서는 법을. 꺾이

지 않고 휘어질 줄 아는 지혜를. 뿌리는 단단히 내리되, 줄기는 유연히 움직이는 삶의 균형을 배웠다.

시칠리아어에도 '안 된다'라는 의미를 갖는 단어가 있다. 예를 들어, 표준 이탈리아어에서 "No"라고 하는 것을 시칠리아어로는 "Nenti(아무것들도)" 또는 "Nun si po(할 수 없음)"라고 표현한다.

하지만, 시칠리아인들은 직접적인 거절 대신 "Vediamo(보자고요)", "Forse(아마도)", "Ci pensiamo(생각해 볼게요)" 같은 우회적 표현을 선호한다. 이는 당장 자리를 모면하기 위한 회피가 아니라, 상황과 관계를 지혜롭게 다루는 문화적 전략이라고 볼 수 있다.

특히 "ntzù"라는 소리와 함께 동작을 하는 시칠리아인 특유의 거절 방식은 매우 흥미롭다. 혀를 윗니 뒤쪽에 대고 'ㄴ'과 비슷한 소리를 내면서 동시에 고개를 살짝 위로 올린다. 이는 직접적인 "No"보다 훨씬 부드럽고 간접적인 의사 표현 방식이다. 마치 갈대가 바람을 피해 살짝 몸을 비키는 것처럼, 거절이라는 불편한 상황을 최대한 부드럽게 표현하려는 문화적 지혜가 담겨 있는 것이다.

이러한 의사소통 방식은 수천 년간 다양한 문명과 세력이 오고 간 시칠리아의 역사적 경험에서 비롯된 것으로 보인다. 그들은 갈대처럼 상황에 따라 유연하게 대처하면서도, 자신들의 문화적 정체성은 굳건히 지켜 내고 있다. 시칠리아 사람들이 보여 주는 것처럼, 진정한 강인함은 유연성에 있다. 상황을 현명하게 읽고, 때로는 한 걸음 물러서며, 기회를 기다릴 줄 아는 지혜야말로 장기적 생존과 번영의 비결일 수 있다.

갈등을 피하면서도 자신의 정체성을 지키고, 변화를 수용하면서도 본질을 잃지 않는 균형 잡힌 태도. 이 복잡한 세상을 살아가는 우리 모두에게 필요한 삶의 지혜일지도 모른다.

가장 강렬한 시칠리아 도자기

도자기에 새겨진 사랑과 복수의 흔적

　시칠리아의 구불구불한 골목을 따라 걷다 보면, 사람 머리 모양의 도자기를 보게 된다. 돌로 지어진 전통 가옥의 창틀, 테라스, 상점의 입구마다 놓여 있는 커다란 도자기 머리. 그것도 왕관을 쓴 남자와 화려한 장신구를 두른 여자의 얼굴이다. 정면에서 그들과 눈이 마주치면 순간 사람을 움찔하게 만든다. 나를 뚫어지게 응시하는 강렬한 인상 때문이다. 이탈리아의 다른 도시에서는 쉽게 볼 수 없는 이 독특한 도자기는 무어인(moor, 아랍계 이슬람교도)의 머리를 하고 있다. 어디서나 볼 수 있는 흔한 장식품이려니 했지만, 나는 이 물건이 일반적인 도자기가 아니라 질투와 복수, 그리고 사랑과 배신이 얽힌 전설적인 이야기를 담고 있다는 사실을 알게 되었다.

　전설은 팔레르모의 어느 아름다운 여인과 무어인 남자의 비극적인 사랑에서 시작된다. 그들은 뜨겁게 사랑에 빠졌지만, 어느 날 여인은 그가 이미 본국에 아내를 두고 있다는 사실을 알게 된다. 배신감에 휩

싸인 그녀는 남자가 잠든 사이 그의 머리를 베어 버린다. 그리고 그의 머리를 도자기 항아리로 만들어 바질(Basil)을 심는다. 마치 그를 영원히 곁에 두고 싶었던 것처럼. 시간이 지나 바질은 무성하게 자라났고, 이웃들은 그 신비로운 화분을 보고 자신들도 따라 하기 시작했다.

"독한 여자네!"

이야기를 듣고 난 친구가 혀를 내둘렀다. 섬뜩한 이야기다. 사랑이 증오로 변해 버리고, 사람의 머리가 화분이 된다는 설정이라니. 여행자의 입장에서 이 엽기적인 전설이 꺼림칙하게 느껴지는 건 당연한 일이었다. 하지만 시칠리아 사람들에게 이 도자기는 비극적이고 끔찍한 사건의 상징이 아니라, 사랑, 영원한 기억, 그리고 다문화적인 역사의 흔적으로 여긴다.

사실 무어인의 머리는 전설만을 의미하는 것이 아니다. 시칠리아는 과거 무어인의 지배를 받았고, 그 자취는 지금도 건축과 음식, 언어 곳곳에 남아 있다. 이 도자기는 그러한 시칠리아의 다문화적 정체성을 상징하는 하나의 유산이다. 이제는 남자의 머리뿐만 아니라, 여성의 머리도 함께 제작하며 부부의 사랑과 조화를 상징하는 예술품으로 발전한 것이다. 나는 여행하는 동안 이 도자기를 기념품 가게에서만 본 것이 아니다. 골목길의 발코니, 가정집의 화단, 레스토랑의 입구, 호텔의 로비에서도 쉽게 찾아볼 수 있었다.

그러나 우리들 중 어느 누구도 그 도자기를 사려거나 관심을 두지 않았다.

"그 살벌한 도자기를 왜 집으로 가져가?"

시칠리아 사람들, 그들의 내면까지 이해하기 위해서는 시간이 필요하다는 생각이 들었다.

네렐로 마스칼레제(Nerello Mascalese)

VINI

L'azienda Gambino produce 8 etichette di vino fermo, e uno spumante metodo classico da Nerello Macalese che utilizziamo anche per tre dei nostri vini fermi.

IL Nerello Mascalese è un vitigno, a bacca nera, coltivato alle falde dell'Etna da tempi remoti; è originario dalla piana di Mascali, da cui deriva il suo nome. Viene detto anche Negrello e Niuriddu mascalisi in siciliano, e contribuisce per l' 80-100% all'uvaggio del vino Etna rosso DOC (DOC= Denominazione di Origine Controllata). Come quasi tutti i vitigni storici italiani, anche il Nerello Mascalese è a maturazione tardiva: la vendemmia avviene, infatti, a metà ottobre.

E per ottenere vini di qualitàè necessario un accurato lavoro di selezione in vigna, in modo da lasciare pochi hrappoli per pianta. Il Nerello mascalese viene coltivato prevalentemente fra i 350 e i 1000s.l.m., nella forma tradizionale ad alberello, anche se la forma di allevamento più attuale è il cordone speronato. Nella zona etnea tra Mascali e Randazzo si possono ancora trovare antichissime vigne ad alberello di Nerello Mascalese, aggrappate alla montagna su terrazze nere di pietra lavica, senza un sesto d'impianto geometrico delle viti. Questo avveniva perché sull'Etna in passato era molto diffusa la pratica di allevamento della vite per propaggine, che consisteva nell'interrare un tralcio della vite per ottenere la moltiplicazione per propagazione della pianta. Questo metodo antico ci permette di ammirare ancora oggi in questi vigneti una cospicua presenza di viti a piede franco. I vini prodotti con questo vitigno hanno gradazione alcolica elevata (13-14°) e hanno una particolare predisposizione all'invecchiamento. I vini prodotti ottenuti dalla vinificazione del Nerello mascalese hanno una grande variabilità di caratteristiche organolettiche a seconda della zona di coltivazione. Il Nerello mascalese, infatti, come anche il Nebbiolo e il Pinot nero, ha una notevole sensibilità all'annata e al territorio di provenienza. Il vino si presenta di un rosso rubino, abbastanza chiaro per la presenza di una quantità modesta di polifenoli. Il suo profumo è molto delicato ed è caratterizzato da una dominanza di sentori di piccoli frutti rossi che ricordano il liquore di marasca e le fragoline di bosco, in equilibrio con note floreali di viola, petali di rosa e leggeri soffi balsamici di eucalipto. Con il trascorrere degli anni questo vino assume anche dei sentori speziati di tabacco, pepe nero, chiodi di garofano.

Con il Nerello Mascalese l'azienda produce:

1 Tifeo Rosso

2 Tifeo Rosato

3 Petto Dragone (Petto Dragone ti ricordo è il nome della contrada dove si trova l'azienda?)

I primi due vini hanno il nome di una leggenda che ha alimentato per secoli una lunga tradizione popolare, conservata in molte fonti, secondo la quale il gigante Tifeo reggerebbe sulle proprie membra l'intera isola, essendo prigioniero sotto la medesima.

Tifeo sarebbe stato condannato, a seguito di uno scontro con il temibile Zeus, a sorreggere il peso dell'isola sul proprio corpo, non prima però di esser stato rinchiuso per sempre sotto l'Etna. Ogni volta che si infuria, Tifeo fa vomitare fuoco e lava dall'Etna. A ogni suo tentativo di liberarsi dal legame eterno, ecco che si scatenano i terremoti.

pianta. Il

(출처: 우리가 방문한 시칠리아 감비노 와이너리의 와인 소믈리에 '까르멜라'의 글이다.)

와인

감비노(Gambino) 와이너리는 8종의 정통 스틸 (발포성이 없어 거품이 없고, 포도 발효 후 남아 있는 탄산을 제거하거나 생성되지 않도록 만든 와인) 와인과, 네렐로 마스칼레제(Nerello Mascalese) 품종으로 만든 전통 방식의 스푸만테(스파클링 와인) 한 종류를 생산하고 있다.

네렐로 마스칼레제는 에트나 산기슭에서 오랜 세월 동안 재배되어 온 적포도 품종으로, 그 이름은 마스칼리(Mascali) 평원에서 유래했다. 시칠리아어로는 네그렐로(Negrello) 또는 니우리두 마스칼리시(Niuriddu mascalisi)라고도 불린다.

이 품종은 에트나 로소 DOC(Denominazione di Origine Controllata,

원산지 통제 명칭) 와인의 블렌딩에서 80~100%를 차지하는 핵심 품종이다. 이탈리아의 대표적인 토착 품종들처럼 숙성이 늦은 특징을 가지며, 수확은 보통 10월 중순에 이루어진다. 높은 품질의 와인을 얻기 위해서는 포도밭에서 엄격한 선별 작업을 거쳐 한 포도나무에 적은 송이만 남기는 것이 중요하다.

네렐로 마스칼레제는 해발 350~1,000m에서 주로 재배되며, 전통적으로 '알베렐로(alberello, 작은 나무 형태의 가지치기 방식)' 방식으로 키우지만, 최근에는 '코르도네 스페로나토(cordone speronato, 수평형 가지치기 방식)' 로도 많이 재배된다. 특히 마스칼리(Mascali)와 란다조(Randazzo) 사이의 에트나 지역에서는 수백 년 된 알베렐로 방식의 포도밭을 여전히 찾아볼 수 있다.

이곳의 포도나무들은 검은색 화산석으로 이루어진 계단식 밭에 자리 잡고 있으며, 과거 '포도나무 층층이 증식법(Propaggine)'을 사용해 심어졌다. 이 방법은 기존 포도나무의 가지를 땅에 묻어 뿌리를 내리게 하는 전통적인 번식 방식으로, 덕분에 현재까지도 대목(접목) 없이 자생하는 네렐로 마스칼레제 포도나무들을 볼 수 있다.

네렐로 마스칼레제로 만든 와인은 보통 알코올 도수 13~14도 정도로 높으며, 장기 숙성에 매우 적합하다. 이 품종은 네비올로(Nebbiolo)

나 피노 누아(Pinot Noir)처럼 연간 기후와 재배 지역의 영향을 크게 받아, 와인의 개성이 지역마다 달라지는 특징을 가진다.

이 와인의 색상은 선명한 루비빛 레드이며, 폴리페놀(Polyphenol) 함량이 적어 비교적 밝은 색조를 띤다. 향은 매우 섬세하며, 산딸기, 와일드 스트로베리, 마라스카 체리 리큐어와 같은 붉은 과실향이 두드러진다. 여기에 바이올렛(제비꽃), 장미 꽃잎, 유칼립투스의 은은한 허브향이 균형을 이루며, 숙성이 진행될수록 담배, 후추, 정향 같은 매력적인 스파이스 노트가 더해진다.

감비노 와이너리는 네렐로 마스칼레제 품종을 사용해 세 가지 와인을 생산한다.

티페오 로소(Tifeo Rosso)
티페오 로사토(Tifeo Rosato)
페토 드라곤(Petto Dragone)

페토 드라곤은 와이너리가 위치한 '페토 드라곤' 지역(Contrada Petto Dragone)의 이름에서 유래했다. '티페오(Tifeo)'는 시칠리아에서 오랫동안 전해 내려온 전설적인 거인의 이름에서 따왔다. 이 신화에 따르면, 티페오(Typhoeus, 티폰)는 제우스와의 전투에서 패배한 후 에트나 산 아래에 갇히는 형벌을 받았다. 그는 필사적으로 탈출하려 하지만, 거대한 섬을 떠받든 채 평생을 갇혀 지내야 했다.

티페오가 분노할 때마다 에트나 화산에서 불과 용암이 뿜어져 나오고, 그의 몸부림이 지진을 일으킨다고 전해진다. 이 전설은 에트나 화산의 활동을 설명하는 시칠리아 민간 설화로, 티페오 로소와 티페오 로사토 와인의 이름은 이러한 전설을 바탕으로 지어졌다.

시칠리아 에트나 화산 와이너리

바다, 두려움과 용기의 경계에서

반드시 겸손하기를

열정도 지나치면 치명적인 결과로 이어질 수 있다는 사실.

우리가 탄 배는 해변에서 얼마 떨어지지 않은 곳에서 시동을 멈추었다. 해안은 절벽과 절벽 사이를 높게 이어 가며, 사람들의 눈에 띄지 않을 만큼 작은 모래사장을 숨기고 있었다. 절벽이 병풍처럼 바람을 막아 주는 덕분에, 그곳은 마치 자연이 만들어 준 비밀스러운 피난처 같았다. 선박의 엔진이 멈추자 바다는 갑자기 깊은 숨을 들이쉬는 듯 고요해졌다. 청록빛 물결이 햇살을 받아 반짝였고, 햇볕은 따가웠다. 가까운 곳에는 이미 한 척의 배가 정박해 있었는데, 비키니를 입은 여자들이 물놀이를 즐기고 있었다. 선장은 이곳이 한여름 성수기에는 수많은 배들로 가득 찰 정도로 인기 있는 장소라고 했다. 그는 갑판 위 박스를 뒤적거리며 여기서 수영을 해도 좋다고 무심하게 신호를 보냈다.

시칠리아의 바닷가에서 수영을 할 수 있을지, 없을지 얼마나 많은 검색을 했던가. 하지만 이런 일은 책상머리에 앉아 검색만 한다고 해

결될 문제가 아니었다. 세상이 아무리 빨리 변하고 있다 할지라도 여전히 몸으로 직접 부딪쳐 봐야만 알 수 있는 것들이 있다. 어디를 가고, 어디에서 먹고 잘 것인지는 사전에 결정할 수 있어도, 바닷물에 몸을 담글 수 있을지 여부는 오직 그 순간의 느낌에 달려 있다. 바닷물 온도는 숫자로 알 수 있지만, 그것이 피부에 와닿는 감각은 각자의 몸 상태에 따라 다를 수밖에 없다. 그래서 바닷가에서의 수영은 절대 일률적이지 않다. 마치 여행의 모든 경험이 개인마다 개별적인 사건이며 독립적으로 존재하는 것과 같다.

작은 배 위에 탈의실 따위는 없었다. 내가 망설이는 사이 친구 서너 명은 벌써 물속으로 뛰어들었다. 지금 생각해 보면 그때 조금 더 신중

했어야 했는데, 나는 들뜬 마음에 주저할 틈도 없이 뒤를 따라 바다로 뛰어들었다. 그리고 우리들은 제법 멀리 보이는 바닷가 해안까지 헤엄쳐 가 보기로 했다.

그러나 내가 간과한 것이 있었다. 매일 밤늦게까지 마신 와인 때문에 이미 체력이 바닥이었다는 사실과, 물놀이용 아쿠아슈즈를 그대로 신고 있었다는 점이었다. 물을 머금은 신발은 무거웠고, 그것을 신고 수영하는 것은 마치 발목에 돌을 매단 것처럼, 누군가 온몸을 잡아당기는 것 같은 느낌이 들었다. 더군다나 기진맥진한 몸으로 처음부터 무리하게 헤엄쳤으니 금세 숨이 가빠져 왔다.

어느 순간 숨이 차올라 바닥을 내려다보았다. 푸른빛 바다는 깊고도 깊었다. 해안선은 멀었고, 점점 힘이 빠졌다. 내 발이 땅에 닿을 수 없다는 것을 확인하자마자 갑자기 불안해졌다. 가슴이 쪼여 오고, 폐가 터질 듯이 숨이 가빠 왔다.

"나 좀 도와줘!" 소리치고 싶었지만, 목소리가 입 밖으로 나오지 않았다. 순간적으로 공포가 밀려왔다. 이러다가 정말 잘못될 수도 있겠다는 생각이 들었다. 방법을 찾아야 했다.

그때 먼저 도착한 친구가 나를 보고 외쳤다.

"몸에서 힘 빼! 천천히, 천천히!"

이미 머릿속이 새하얗게 비어 버린 상태여서 그런지 그의 말이 또렷

하게 들렸다. 내가 수영을 시작한 지 20년이 넘었건만 이런 일은 처음이었다. 사람이 순간적으로 당황하면 물 위에서 혼자 할 수 있는 일은 아무것도 없다. 무엇인가 이상함을 감지한 친구가 소리쳤고 그 목소리가 나를 현실로 끌어당겼다. 그렇다, 힘을 빼야 했다. 겁을 먹고 허우적거리며 더 위험해질 뿐이었다.

  나는 평영으로 자세를 바꾸었다. 일단 깊이 숨을 들이마시고 내쉬며 주위를 살폈다. 그리고 천천히, 아주 천천히 앞으로 나아갔다. 나중에 알고 보니 해안까지의 거리는 생각보다 짧았다. 하지만 그 순간의 나는 끝없는 바다 한가운데 혼자 떠 있는 것처럼 느껴졌다. 나는 혼신의 힘을 다해서 수영을 했고 마침내 모래사장에 닿았다. 그리고 그대로 모래 위로 쓰러졌다. 나는 하늘을 보고 누운 채로 거친 숨을 몰아쉬었다.

  인간의 욕심이나 호기심 따위가 자연의 위력 앞에서 얼마나 나약하고 무기력한 지. 함께한 친구들의 존재가 얼마나 소중한지. 그날의 하늘과 바다는 미친 듯이 푸르렀다.

어딘지 모르게 닮았단 말이지

콜라페쉐의 전설(Leggenda di Colapesce)

　인간에게 바다는 경이롭고 신비로운 공간이지만, 동시에 두려움과 공포를 불러일으키는 존재이기도 하다. 시칠리아 사람들은 그 바다를 삶의 일부로 받아들이며 살아왔다. 그리고 그들 사이에는 오랜 세월 전해 내려오는 바다의 전설이 있다.

　그것은 바로 '콜라페쉐의 전설(Leggenda di Colapesce)'이다. 전설에 따르면, 콜라페쉐는 메시나 근처에 사는 어부의 아들로 태어났으며 그의 이름은 니콜라(Nicola)였다. 사람들은 그를 '콜라페쉐(Cola pesce)', 즉 '물고기 같은 니콜라'라고 불렀다. 그는 마치 바다 사람처럼 물속에서 자유롭게 헤엄쳤으며, 누구보다도 깊은 곳까지 내려갈 수 있는 특별한 능력을 지니고 있었다. 바닷속 생물들과 교감하고 신비로운 해저 세계를 탐험했으며, 때때로 숨겨진 보물을 발견하기도 했다. 그러던 어느 날, 시칠리아의 왕(프리드리히 2세 혹은 다른 왕)은 그의 놀라운 재능에 대해 듣고 직접 시험해 보기로 했다.

왕은 보물을 깊은 바닷속으로 던졌고, 그것을 찾아오라고 명령했다. 콜라페쉐는 주저 없이 물속으로 뛰어들었다. 그리고 그 누구보다도 깊은 바다 아래까지 내려갔다. 그는 보물찾기에 성공하지만, 깊은 심연 속에서 믿기 어려운 광경을 목격했다. 깊은 바다 밑에는 세 개의 거대한 기둥이 시칠리아 섬을 받치고 서 있었는데, 그 기둥 중 하나가 심하게 부서지고 있었던 것이다. 만약 그 기둥 하나가 완전히 무너져 버린다면, 그의 고향 시칠리아는 바닷속으로 가라앉을 운명이었다.

놀란 콜라페쉐는 급히 수면 위로 올라와 왕에게 이 사실을 보고했다. 하지만 왕과 궁정 사람들은 그의 말을 대수롭지 않게 여겼다. 아무도 이 위태로운 현실을 믿으려 하지 않았다. 깊은 고민 끝에, 콜라페쉐는 결심했다. 만약 아무도 시칠리아를 지탱하는 기둥에 관심을 가지지 않는다면, 그가 직접 기둥이 되어 바닷속에 남기로 한 것이다. 청년은 다시 한번 깊은 바다로 몸을 던졌다. 그리고 다시는 물 위로 올라오지 않았다. 그 후, 콜라페쉐를 본 사람은 아무도 없었다. 사람들은 지금도 콜라페쉐가 바다 깊은 곳에서 시칠리아를 떠받치고 있다고 믿는다. 그의 희생이 아니었다면, 섬은 이미 파도 아래로 사라졌을지도 모른다고 생각했다.

오늘날에도 시칠리아 사람들은 그를 기억하며 바다를 바라본다. 활화산과 지진 그리고 거친 파도를 이겨 내며 살아가야 했던 사람들. 그들이 오랜 세월 자연과 맞서 싸우며 생존할 수 있었던 힘과, 수많은 외세의 침략 속에서도 굳건히 버텨 온 시칠리아 사람들의 정신은, 이 전설 속 청년의 모습과 닮아 있다.

  나는 시칠리아 출신의 소설가 카르멜라와 이 전설에 대해 메일을 주고받았다. 그녀는 어린 시절, 할머니에게서 콜라페쉐의 이야기를 들었다고 했다. 어느 추운 겨울밤, 할머니 댁에서 시칠리아 전통 난로인 '콘카(conca)' 앞에 앉아 몸을 녹이며 듣던 이야기. 어린 카르멜라는 용감한 청년의 이야기에 눈을 반짝이며 귀를 기울였다. 할머니의 이야기가 끝나자, 그녀는 조심스럽게 물었다.

"할머니, 콜라페쉐는 정말로 있었던 사람이에요?"

그러자 할머니는 미소를 지으며 대답했다.

"그건 나도 모르지. 하지만 중요한 건, 우리가 무엇을 믿고 있는가란다."

  카르멜라는 할머니에게 이야기를 듣던 그날 밤을 잊지 못한다고 했다. 어쩌면 할머니는 이 전설을 통해 용기와 희생, 그리고 공동체를 위한 사랑이야말로 가장 위대한 힘이라는 걸 알려 주고 싶었던 것은 아닐까. 시칠리아의 바다는 여전히 푸르고, 전설은 오늘도 그곳에서 살아 숨 쉬고 있다.

길을 잃었다

내 마음의 갈 길이 아니라

길을 잃었다. 내 마음의 갈 길이 아니라, 진짜로 가야 할 길을 잃어버렸다. 카타니아에서 숙소를 찾아가던 중이었다. 내비게이션이 목적지에 도착했다고 알렸지만, 눈앞에 펼쳐진 건 황량한 들판에 낡은 공장 같은 건물만 덩그러니 서 있었다. 어딘가 잘못된 게 분명한데, 내비게이션은 더 이상 나하고 상관없는 일이라는 듯 재잘거리던 그 입을 딱 다물어 버렸다.

"이상한데? 숙소가 보여야 하는데."
"그러게, 우리가 한 블록 지나친 거 아니야?"

우리는 차를 돌려 다시 길을 살폈다. 내비게이션이 길 찾기를 포기한 이상, 이제부터는 아저씨들의 직감과 동물적 본능을 믿어야 할 차례였다.

"이 길 같은데? 맞는 것 같아."

근거는 없는 확신, 이른바 '감'에 따라서 아저씨들은 좁은 골목길로 천천히 차를 몰았다. 그게 화근이었다. 골목 초입은 나름 괜찮았다. 길 양옆으로 우아한 저택들이 늘어서 있었고, 대문 앞에는 정원수들이 단정하게 손질되어 있었다. 돈이 많은 사람들이 사는 동네 같았다. 그런데 이상했다. 길이 점점 좁아졌다. 그러더니 결국.

"어, 막혔다. 길이 없잖아."

앞이 막혀 있는 막다른 길이었다. 게다가 차를 돌릴 만한 작은 공간도 없는 좁은 길이 끝나 있었다.

"젠장, 후진해야겠네."
"조심해, 벽에 긁히면 안 돼!"

아저씨들은 투덜거리며 천천히 후진을 시작했다. 그런데 그때, 문제가 생겼다.

"어? 어어? 문이 닫혀!"
"문이 닫힌다고? 저기에 문이 있었어?"

우리는 동시에 고개를 돌려 차가 들어온 골목길 입구 쪽을 바라보았다. 조금 전까지 보이지 않던 골목길 중간쯤의 철문이 서서히 움직이고 있었다. 마치 우리를 이곳에 가두어 버리려는 듯 끼기기긱 소리를 내며 육중하게 자동으로 닫히고 있었다. 한 친구가 차에서 급히 내려 문 쪽으로 허겁지겁 뛰어갔지만 아무 소용이 없었다. 철문은 무심하게 철컹 닫혀 버렸고, 우리 차는 꼼짝없이 골목에 갇힌 신세가 되어 버렸다.

"이거 어떡하지? 어찌 된 일이지?"
"여기 인터폰 있네. 일단 인터폰 눌러 보자."

친구는 철문 옆에 달려 있는 인터폰의 빨간 버튼을 마구마구 눌렀다. 그러나 아무런 대답이 없었다. 주변을 둘러봐도 사람이라곤 그림자도 보이지 않았다. 부자 동네라 그런가. 환한 대낮인데도 거리에는 인기척은 물론 강아지 한 마리조차 보이지 않았다. 한참을 어쩔 줄 몰라 하던 우리는 숙소 근처에 먼저 도착한 친구들에게 전화를 걸어 상황을 알렸다.

"뭐? 철문 안에 갇혔다고? 그게 말이 되는 소리야?"

전화기 너머에서 친구들이 폭소를 터뜨렸다. 그냥 거기서 살라느니, 너네들 그럴 줄 알았다느니. 도움은 기대도 하지도 않았지만 그제야 우리도 이 어이없는 상황에 헛웃음이 나왔다. 내가 좋아하는 여행작가 중 한 명인 빌 브라이슨(Bill Bryson)은 자신만의 독특한 유머를 구사하는 사람이다. 그의 글을 읽다 보면 실성한 사람처럼 혼자서 키득거리며 웃는 경우가 많다. 그 빌 브라이슨이 여행 도중 우리처럼 호주 사막에서 길을 잃었다. 그는 그때 심정을 책에 이렇게 적었다.

"나는 길을 잃은 것이 아니다. 단지 아직 발견되지 않은 상태일 뿐이다."

그의 여유는 여행자의 허세인지 작가로서의 통찰인지 잘 모르겠지만, 적어도 저자는 어떤 상황에서도 당황하지 않는 담대함은 있었을 것이라고 생각했다. 그런데 우리는 지금, 아무에게도 발견되지 않은 채 철문 안에 갇혀 있다. 마땅한 방법도 없고 아이디어도 떠오르지 않았다. 그때였다. 골목 안쪽의 한 대저택에서 자동차 한 대가 조용히 움직이기 시작했다. 운전석에는 중년의 여성이, 조수석에는 고등학생쯤 되어 보이는 딸이 타고 있었다. 우리는 온몸으로 간절함을 표현하며 손을 흔들었다.

"익스큐즈 미! 헬프! 위 니드 유어 헬프! 헬프 플리스."

차를 운전하던 엄마는 우리를 보고 깜짝 놀란 표정이었지만, 옆자리의 딸은 빠르게 상황을 이해한 것 같았다. 창문을 열고 우리를 쳐다보는 모녀에게, 나는 다급하게 휴대폰을 내밀며 말했다.

"위 리저브드 에어비앤비… 낫 히어… 위 갓 로스트…!"

딸은 고개를 끄덕이더니, 옆자리 엄마에게 이탈리아어로 통역을 해주는 듯했다. 한참을 상의하던 두 모녀는 나의 휴대폰을 받아 들었다. 그리고 휴대폰의 주소를 확인하고는 직접 숙소 호스트에게 전화를 걸었다. 통화를 마친 그녀가 활짝 웃으며 외쳤다.

"팔로우 미!"

그리고 엄마가 철문을 활짝 열었다. 우리는 이것저것 따져 볼 겨를도 없이 급히 차에 올라, 그들을 따라 골목을 빠져나갔다. 이 골목, 저 골목을 돌고 돌아 마침내 숙소 앞에 도착했다. 목적지에 다다랐다는 안도감보다, 뜻밖의 마주한 친절에 감동이 더 컸다. 나는 감사의 표시로 가방에서 한국에서 가져온 소주 두 병을 꺼내 건넸다.

"포 유. 프롬 코리아. 코리아 와인."

딸이 눈을 동그랗게 떴다. 엄마는 깜짝 놀라며 웃음을 터뜨렸다.

"오 마이 갓! 소주!"

"땡큐, 땡큐 베리 머치."

그렇게, 철문 안에 갇혔던 황당한 사건은 소주 두 병과 함께 훈훈하게 마무리되었다. 여행을 하다 보면 길을 잃는 일이 종종 벌어진다. 아무리 빈틈없이 치밀한 계획을 세웠다 하더라도 여행 중에는 항상 예상치 못한 변수들이 우리를 기다리고 있기 마련이다. 하지만 아이러니하게도, 그런 순간이 가장 기억에 오래 남는다. 만일 우리가 길을 잃지 않았더라면, 계획한 대로 모든 일이 이루어졌더라면, 우연한 친절도, 뜻밖의 도움도, 새로운 만남도 없었을 것이다.

인생도 마찬가지다. 누구나 예정된 길을 따라가려 하지만, 때때로 길을 잃고 헤매게 된다. 그런데 그때야말로 새로운 가능성이 열리는 기회가 될 수 있음을 알아야 한다. 역설적으로 길을 잃는다는 것은 비록 짜증은 날지언정 진정으로 실패라고 단정할 수만은 없다. 오히려 그 길에서 우리는 더 많은 것을 배우고, 더 깊이 성장할 수 있다. 아마도 우리는 원하든 원하지 않든 앞으로도 계속 길을 잃을 것이다. 그리고 그때마다, 우리는 또 다른 새로운 삶의 지도를 그려 나갈 것이다.

살아 보니 그렇다.

3부

시칠리아,
가장 기억에 남는 순간

파인다이닝을 찾아가던 날

"나는 다른 것보다 그날 있잖아, 우리 미슐랭 레스토랑에 간 날. 그날 내가 운전하기로 돼 있었거든."

바다 풍경이나 맛있는 음식에 대한 이야기를 할 줄 알았는데 친구는 의외로 파인다이닝을 찾아간 날의 이야기를 꺼내 들었다.

"그런데 레스토랑에서 내가 와인을 마신 거야. 운전기사가 술을 마신 거지. 네가 옆에서 괜찮다고 술 깨는 동안 미니 열차를 타면 된다고 했잖아."

나는 잊고 있었던 그날의 기억이 떠올랐다.

"그래서 마신 거지. 그런데 갑자기 다른 곳으로 이동을 한다는 거야.

나는 운전을 할 수가 없잖아. 그래서 못 했지. 운전하기로 해 놓고 술 먹었다고 억울하게 욕만 뒤지게 먹었지."

친구는 대수롭지 않게 지나쳤던 해프닝을 가장 기억에 남는 순간으로 기억하고 있었다. 그 뒷이야기를 듣지 못했던 나는 미안하기도 하고 멋쩍기도 한 마음으로 친구에게 물었다.

"하하하, 맞아. 내가 마시자고 했지. 나도 삼사십 분이면 미니 열차 타고 관광하다가 술 깨고 이동하려고 했지. 그런데 다들 열차 타는 걸 반대하더라고. 그래서 이것저것 따지지 못하고 우리 차가 먼저 이동한 거지. 그래서 어떻게 됐지? 그날?"
"HJ가 운전했지. 엄청 달리더구먼. 뒷자리에서 어질어질했지."

기성은 엔지니어 출신이다. 얼마 전 L사를 정년퇴직한 그는 누구보다 도전적으로 제2의 인생을 개척하고 있다. 퇴직 후 집을 지을 수 있는 목수 자격증을 취득하더니, 포클레인 운전면허 시험까지 단숨에 합격해 우리를 놀라게 했다. 그러나 진짜 충격적인 소식은 따로 있었다. 그가 개인용 포클레인을 한 대 사 버렸다는 것이다.
그 이유를 물었다. 그는 수국꽃으로 가득 찬 정원을 만들려고 그랬다며 어이없어하는 우리를 보고 활짝 웃었다. 다음 날 우리는 그가 손수 그려 온 수국정원의 설계도면을 보며 한 시간 동안 브리핑을 들어야 했다. 흙냄새가 묻어나는 그의 손길이 지나간 자리마다 생명이 움트고, 시간의 결이 겹겹이 쌓여 갈수록 꿈은 점점 현실이 될 것이다.

아직은 황량한 땅이지만, 언젠가 어느 날인가 푸른 잎 사이로 수국꽃이 탐스럽게 피어날 것이다. 그가 꿈꾸어 왔던 그날, 바람에 흔들리는 수국꽃 사이로 환하게 웃고 있는 기성의 모습을 그려 보았다.

그날의 밤바다

"나는 그 바닷가 밤바다가 제일 좋았어. 체팔루인가? 거기 있잖아. 관광객들이 해안에서 여유 있게 쉬고 있는 모습이 너무 보기가 좋은 거야. 카페 조명 아래 술 한 잔 앞에 놓고 바다를 바라보며 앉아 있는 여인들. 단체로 온 것 같더라고, 우리한테 환호성을 질러 주던 사람들. 사람들이 자유로움이 막 넘쳐흘러. 음악도 부드럽고. 그 해변으로 가는 골목길을 걷던 그 밤, 분위기를 잊지 못할 것 같아. 사진이라도 많이 찍어 놓을 걸 그랬어."

사람 만나는 걸 정말 좋아하는 친구 성균은 우리들 사이에서는 마당발로 통한다. 아무리 우연이라도 그렇지, 로마 콜로세움 앞에서도 아는 사람을 만나다니, 실제로 그 만남의 현장을 눈앞에서 목격한 친구들은 만장일치로 마당발임을 인정할 수밖에 없었다.

그는 여행하는 내내 감기 때문에 혼자 힘들어했다. 하지만 자신이 감기가 걸렸다는 사실을 귀국하고 나서야 친구들에게 알렸다. 자기 때문에 괜스레 걱정을 끼치고 여행에 방해가 될까 싶어서 그랬다고 말했다.

모두 같은 삶을 살아가는데도 어떤 사람은 주변에 친구 하나 없는 사람이 있는 반면, 어떤 사람은 이상하리만큼 많은 사람들이 모여든다. 거기에는 분명 남다른 이유가 있다. 아무런 이유 없이 사람들이 모여드는 법은 없다. 성균을 통해 새삼 확인하게 된 사실이다.

체팔루

친구들과 함께한 시간

"두 번째 숙소에서 고기 구워 먹던 게 제일 기억나. 우리 마당 옆에 고기 화로 있었지. 거기서 고기도 굽고 시장에서 사 온 생선도 요리하고, 탁구도 치던 그날이 제일 좋았던 것 같아. 그러다가 수영하러 갔잖아. 나는 그게 좋더라고."

어떤 순간이 가장 기억에 남느냐는 질문에 그는 친구들과 함께한 시간이라고 말했다. 웃는 모습이 선한 친구 춘수는 학교 다닐 때 내 옆자리에 앉았던 짝꿍이었다. 오래 지켜봐 왔지만, 그는 예나 지금이나 착한 모습 그대로인 요즘 세상에 좀처럼 보기 드문 사람이다.

그는 대학 시절, 도서관에서 살다시피 하며 공무원 시험을 준비했다. 그때 K라는 친구와 함께 공부했는데, K는 형편이 어려워 공부를 계속하기가 힘든 상황이었다. 한 해 먼저 시험에 합격한 춘수는 일 년 동안 자신의 공무원 월급을 떼어서 K를 도왔다. 덕분에 K는 공부를 계

속할 수 있었고 훗날 변호사가 되었다. 나는 얼마 전 K와의 술자리에서 이 이야기를 처음으로 알게 되었다. 춘수는 다 지난 옛일인데 뭐 하러 그 이야기를 다시 꺼내느냐며 멋쩍어했다. 공무원을 퇴직한 그는 박물관으로 자리를 옮겼다.

멋진 체팔루

"체팔루가 이번 여행에서 제일 기억에 남아. 바닷가 옆에 체팔루 성당도 있고, 정말 멋졌지?"

시칠리아에 도착한 첫날, 우리는 팔레르모를 뒤로하고, 계획에 없던 체팔루로 차를 몰았다. 완전히 즉흥적인 결정이었다.

"나는 솔직히 거기서, 서구 사람들이 누리는 '삶의 방식' 같은 걸 본 것 같아. 대부분 휴가 온 사람들이겠지만, 늦은 시간까지 그렇게 여유롭게 밤바다를 즐길 수 있다는 게 너무 부럽더라."
"우리가 갔을 땐 동양인은 한 명도 없었잖아. 이 사람들은 진짜 이렇게 멋지게 사는구나 싶었어."

선근의 말에는 진심으로 부러움이 묻어 있었다.

우리가 막 직장 생활을 시작하던 시절, 일주일 이상 휴가를 낸다는 건 상상도 못 할 일이었다. 그땐 토요일에도 출근하는 게 당연했고, 절반만 논다고 해서 '반공일'이라 불렀다. 그런 분위기에서 일주일을 쉰다니, 제정신이라면 그럴 수는 없는 일이었다. 그러다 어느 날, 나라에서 토요일은 쉬어도 된다고 결정했고, 사람들은 금요일까지만 일하게 되었다. 토요일과 일요일, 이틀이나 쉴 수 있으니 뭐라도 할 수 있을 것만 같았다. 숨통이 트였다.

많은 사람들은 기뻐했지만, 일부는 '이러다 나라 망한다'는 걱정을 했다. 물론, 나라는 망하지 않았다. 그런 말은 '쉬다'는 것 자체에 죄책감을 불러일으키는, 다분히 의도성이 담긴 표현이었다.

휴가를 간다는 것이 잘못은 아니지만, 한국은 산업화의 끝자락에서 진통을 겪는 와중이었고, 그래서 '쉬다'는 것은 뭔가 들키지 말아야 할, 남몰래 누리는 호사처럼 느껴졌다.

유럽인들은 평균 20일에서 30일 이상의 유급 휴가를 보장받고, 그것을 '한 번에' 사용하는 일이 흔하다. 여름이면 최소 2~3주 긴 여행을 떠나고, 이탈리아나 프랑스, 스페인에서는 아예 도시 전체가 한 달간 텅 빈 것처럼 보이기도 한다. 이탈리아의 '페라고스토(Ferragosto)'(이탈리아의 8월 15일을 기념하는 공휴일. 농업 부문에서 몇 주 동안 열심히 일한 후 8월 1일을 휴식일로 만든 아우구스투스 황제의 축제인 Feriae Augusti에서 유래됨)처럼 전통적인 여름휴가 기간에 맞춰 움직인다.

요즘에는 많이 변하긴 했지만, 한국인들은 보통 3~5일의 짧은 휴가를 쪼개서 쓰는 경우가 많다. 아직도 긴 휴가는 눈치가 보이거나 회사의 분위기상 쉽지 않은 일이기 때문이다. 그래서 '휴가'보다는 '주말여행'이나 '연차를 붙인 짧은 여행'이 여전히 더 일반적이다. 반면, 유럽인들에게 휴가는 삶의 일부다. 관광보다는 휴식과 재충전, 관계 회복, 자연과의 접촉을 더 중요하게 여긴다. 그래서 우리 눈에는 폼 잡는 것처럼 보이만, 그들은 바닷가에서 책을 읽거나, 가족과 오래 시간을 보내거나, 농가에서 요가와 와인을 즐기는 식으로 시간을 쓴다.

체팔루의 밤바다에서 만난 사람들처럼 느긋한 여유를 누리려면, '보장된 긴 휴가'가 필요하다. 하지만 우리에게 휴가는 여전히 '보상'의 개념이 강하다. 열심히 일한 자신에게 주는 짧은 선물 같은 것. 그래서 '최대한 많이 보고, 먹고, 경험해야 한다'는 조급함이 작동한다.

한때 "열심히 일한 자, 떠나라"는 광고 카피가 있었다. 그 말은 곧 "열심히 일하지 않았다면 떠나지 말라"는 전제가 달려 있는 말이었다. 우리가 떠나기 전 어떤 지인은 "거기 가서 술이나 마실 텐데, 그냥 한국에서 마시면 되지 않느냐"는 식의 휴가 무용론까지 들먹였다. 우리는 '내가 지금까지 어떻게 살아왔는데, 평생 한 번쯤 이 정도의 여행은 갈 수 있지 않느냐'는 자기 합리화와 보상 논리를 쌓은 끝에야 이번 여행을 결정할 수 있었다.

코로나 이후, 휴식의 개념은 '장소' 중심에서 '시간' 중심으로 바뀌었다. 재택근무와 비대면 업무가 일상화되면서, '사무실에 있어야 일하는 것'이라는 고정관념이 무너졌고, 일과 삶의 경계도 흐릿해졌다. 이 변화는 '언제 어디서든 일할 수 있다'는 유연함을 주었지만, 동시에 휴식조차 업무의 연장처럼 되어 버리는 역설적인 상황을 만들었다. 한국에서도 업무 메신저와 카톡, 화상회의 덕분에, '쉰다'는 감각을 잃어버린 이들이 많아졌다.

이제 AI가 눈앞에 등장하면서, 사람들은 '일과 쉼'의 의미에 대해 다시 묻기 시작했다. AI가 반복적이고 논리적인 작업을 빠르게 대체하면서, 인간은 "왜 일하는가", "무엇을 잘해야 살아남는가"라는 질문 앞에 섰다.

또한 "어떤 직업이 없어질까?"가 아니라 "내가 하는 일의 몇 퍼센트가 AI로 대체 가능한가?"로 질문이 바뀌었다. 그리고 창의성, 감정, 공감 능력처럼 눈에 보이지 않던 역량이 점점 더 중요해지고 있다.

그리고 그런 능력은 '쉼'에서 비롯된다는 인식도 함께 자라고 있다.

그래서 이제는 관광지를 찍고 돌아다니는 여행이 아니라, 한 달 살기처럼 '그들의 일상에 잠시 들어가 살아 보는 여행'이 새로운 흐름이 되었다. 시칠리아 같은 곳에 2~3주 머물며 요리도 하고, 시장에도 가고, 바닷가에 앉아 책을 읽는 시간. 그건 더 이상 사치가 아니라, 더 나은 나를 위한 하나의 방식이 되어 가고 있다.

선근은 산부인과 의사다. 병원 스케줄에 맞춰 생활하다 보니, 우리 멤버 중에서 휴가를 내기가 가장 어려웠다.

그는 매일 아침 수영으로 몸을 풀고, 십여 킬로미터 달리기를 소화

하는 막강한 체력을 자랑한다. 무엇보다 친구들의 말을 끝까지 들어 줄 줄 아는 '듣기의 달인'이기도 하다. 그는 그 멋진 도시, 체팔루를 누구보다 깊게 기억할 것이다. 언젠가 다시 그 밤바다를 찾게 된다면, 아무런 일정도 없이, 그저 느긋하게 쉬어 보고 싶다고 말했다.

체팔루는, 그렇게 쉬는 법에 대해 생각하게 만든 도시였다.

에트나 화산으로 가는 길

"여행을 다녀온 뒤, 짧은 유튜브 영상을 다시 돌려 보았어. 그걸 보며, '아! 여기가 우리가 갔던 곳이구나' 하고 기억이 하나둘씩 떠오르기 시작했지."

창석은 여행을 마친 후 시칠리아에 대해 호기심이 더 생겼다고 말했다.

"오래된 고성에 올랐던 장면, 바닷가에서의 시간, 대부 영화의 촬영지였던 그 마을들… 그 지명들이 영상 속에서 하나하나 살아나더라고."
"그중 단 하나를 꼽자면, 나는 단연코 에트나 화산이지. 너무도 이국적이잖아. 우리가 익숙하게 보던 산이 아니라. 그런 산은, 나는 처음 보았어. 그냥, 새까맣잖아."

에트나 화산 정상 부근이 그렇게 석탄처럼 검게 보인 건, 용암의 흔적과 화산재 때문이다. 에트나는 지금도 살아 있는 활화산이다. 간헐적으로 분화 활동을 이어 가고 있다. 분출된 용암이 지표를 따라 흘러내리며 식어 굳어졌고, 그 결과 생긴 것이 우리가 잘 아는 검은색 현무암(basalt)이다. 공중으로 뿜어져 나온 화산재(Volcanic Ash)도 어두운 색이라, 산 전체를 덮으며 마치 불에 그을린 석탄층처럼 만들어 놓았다.

우리는 렌터카 두 대에 나누어 타고 에트나의 중턱까지 올라갔다. 산기슭 길가의 풍경은 마치 우리나라 강원도의 어느 산을 오르는 듯한 느낌이었다. 주변의 나무들과 마을의 생김새까지 강원도 시골 마을을 지나가는 것처럼 친숙하게 느껴졌다. 차를 주차하고 우리는 케이블카 왕복 티켓을 끊었다. 생수를 한 병씩 나누어 챙기면서 신비에 싸인 에트나 산행에 대한 긴장감이 돌았다. 케이블카에서 내려다본 풍경은 키 작은 나무들로 가득했다. '와! 걸어 올라오는 사람들도 있어.' 케이블카의 발아래로 하이커들이 개미처럼 꼼지락거렸다. 우리가 점점 고도를 높이고 있다는 실감이 났다. '쿠궁, 쿠궁.' 하는 기계 소리가 멈추고, 사람들은 케이블카에서 내렸다.

다시 사륜구동 버스로 갈아타기 위해 줄을 섰다. 먼저 산행을 마친 사람들이 내리면 이제 산을 올라가려는 사람들이 차례로 그 버스에 올랐다. 마치 탱크처럼 듬직하게 생긴 사륜버스는 사람들을 태우자마자 바람을 가르며 흔들흔들, 산 위로 사라졌다. 입을 가리고 화산재를 피하면서, 우리는 눈짓으로 서로의 차례를 확인했다.

정상 부근의 풍경은 전혀 다른 세상이었다. 온통 검은색뿐. 생명이 존재하지 않는 외계 행성에 착륙한 기분이었다. 이 검은 땅은 마치 지구가 숨 쉬고, 고통을 겪고, 다시 태어난 흔적처럼 느껴졌다. 사그락사그락 무너지는 딱딱하고 거친 땅, 손에 쥐면 느껴지는 가볍고 까끌한 감촉.

그날 우리는 가이드의 안내를 받아 그룹별로 화산 정상 주변을 걸었다. 같은 버스를 탄 사람들이 하나의 그룹이 되었고, 가이드는 이탈리아어와 영어를 섞어 가며 설명을 이어 갔다. 거센 바람 속에 그는 거의 고함을 치듯 말했지만, 우리는 잘 알아들을 수 없었다. 그는 무리를 이탈하는 걸 극도로 싫어했고, 우리도 험한 지형과 바람 속에서 서로를 놓치고 싶지 않았다.

정상 부근은 상상 이상으로 거칠고 황량했다. "앞이 안 보여!"라며 웃던 친구, "날아갈 것 같아!"라 외치던 친구. 우리는 웃음을 멈추지 못했다. 한 친구의 모자가 강풍에 벗겨지더니 허공으로 솟구쳐 날아갔다. 누군가는 그 장면을 바라보며 허탈하게 웃었고, 우리는 아무것도 할 수 없었다. 그저 바람 속에 몸을 맡긴 채, 서로를 놓치지 않으려 발끝을 다잡고 서 있을 수밖에 없었다. 눈으로 입으로 그리고 귓속까지 화산재가 들이쳤다, 신발 속은 이미 서걱서걱 소리가 날 정도로 화산재가 가득했다.

가이드는 길가에 박힌 육중한 돌덩이를 가리키며, 그것이 하늘에서 떨어져 식어 버린 용암 덩어리라고 설명했다. 그 땅을 밟을 때마다, 마치 용암의 기억 위를 걷는 기분이었다.

그리고 몇 달 뒤인 2025년 2월, 에트나 화산이 다시 폭발했다는 뉴스도 접했다. 용암이 눈 덮인 비탈을 타고 흘러내리는 영상, 밤하늘을 밝히는 분화의 장면. 우리가 걸었던 그곳이 아직도 살아 숨 쉬고 있다는 사실에, 온몸에 소름이 돋았다.

무엇보다도 인상 깊었던 건, 정상 일부가 놀랍도록 노랗게 빛나고 있었다는 점이었다. 유황 냄새를 맡을 수 있을까 기대했지만, 워낙 바람이 거세서 아무런 냄새도 나지 않았다. 그 노란색은 마치 누군가 일부러 물감을 뿌려 놓은 것처럼 선명했다. 나중에 알게 되었는데, 이는 화산 내부에서 분출된 기체가 식으며 황(sulfur)이 응축된 결과였다.

창석은 최근 체중 감량에 성공했다. 오랫동안 그를 괴롭히던 관절 통증도 싹 사라졌다. 다른 친구들의 부러움을 한 몸에 받았다. 그는 우리 모임에서 가장 헌신적인 인물이다. 누군가는 해야 할 궂은일을 묵묵히 해내는 성실함의 아이콘이다. 최근 손주가 유치원에 입학했다며 자랑을 하기도 했다. 그래서 한 번 더 부러움의 대상이 되었다.

대학교 교직원 퇴직을 목전에 앞두고, 그는 이제 앞으로의 삶을 고민하는 시점에 서 있다. 나는 창석의 이야기를 들으며, 나의 과거와 미래의 모습을 동시에 떠올렸다.

에트나의 거센 바람 속에서, 우리는 각자의 삶을 돌아보았다. 어쩌면 그 시간은, 한 편의 다큐멘터리이자, 우리 삶의 지층을 새로이 쌓아 올리는 순간이었는지도 모르겠다.

수영했던 날 기억하지?

"우리가 수영했던 거 기억나지? 지중해 바다에 빠져 죽을 뻔했던 그날 말이야."

"선근이랑 내가 먼저 들어가서 수영하고 있었는데, 네가 갑자기 다이빙해서 바다로 뛰어들었잖아. 깜짝 놀랐지."

성훈은 그날을 떠올리며 목소리를 높였다.

"나, 사실 인명구조 자격증 있는 거 알지? 오리발도 챙겨 갔고. 그런데 그렇게 갑자기 다이빙하면 위험해. 한 번 다이빙하면 숨이 딸려서 금방 지치거든."

나는 그가 그런 자격증이 있다는 사실조차 몰랐다.

"내가 먼저 해안에 닿았는데, 네가 '도와달라'고 외쳤잖아. 근데 그 순간에 네 손을 잡으면, 우리 둘 다 위험할 수 있어. 그래서 일부러 '서두르지 말고 천천히 가자'고 한 거였지. 멀어 보여도 금방일 줄 알았는데, 은근히 먼 거리였거든."

"낯선 바다였잖아. 처음이니까 더 천천히 갔어야 했어. 그때는 다들 들떠 있었지."

그날 바다에 뛰어들었던 친구들 사이엔, 말로 다 설명하기 어려운 묘한 전우애 같은 게 생겼다. 배에 남아 있던 친구들은 그저 재미있는 해프닝쯤으로 여겼지만, 물속에 들어갔던 우리에겐 그 순간이 꽤 오래도록 기억에 남았다.

성훈은 적극적으로 여행을 즐기는 타입이다. 친구들의 저녁을 준비하기 위해 누구보다 앞서서 기꺼이 부엌에 들어갔으며, 사진 한 장이라도 더 남기려고 순간순간 열심히 카메라 버튼을 눌렀다. 우리가 찍은 단체사진의 대부분은 그의 작품이다. 또한 그가 만난 외국인은 남녀노소를 불문하고 우리의 친구가 되었다. 브라질에서 왔다는 단체 여행객, 시칠리아 출신 레스토랑의 종업원과 셰프, 원형극장에서 만난 중년의 노부부 등 사람들은 그를 만나면 자연스럽게 벽을 허물었다.

여행을 떠나가 전, 그는 평소에 알고 지내던 선배에게 봉투를 받았다. 친구들과 시칠리아를 간다니 정말로 부럽고 축하한다며, 여행 잘 다녀오고 경비에 보태 쓰라는 말과 함께 전해 받은 봉투에는 약간의 돈이 들어 있었다. 누군가 성훈이가 지금까지 어떻게 살아왔는지 짐작할 수 있을 거 같다고 말했다.

그는 멋진 파나마모자(Panama Hat)를 모든 멤버들에게 선물했다. 캐주얼하면서도 품위 있는 흰색 모자는 시칠리아의 뜨거운 태양과 푸른 바다빛과 아주 잘 어울렸다. 그리고 그 모자는 우리 여행의 또 다른 상징이 되었다.

기억 속의 화산

"나도 에트나 화산이 제일 기억에 남는다."

평소 말수가 적은 효중은 한의사다. 몇 해 전, 수십 년간 운영해 오던 한의원을 정리했다. 그의 일상은 언제나 집과 한의원을 오가는 것이 전부였는데, 이렇게 멀리 이렇게 오랜 시간 떠나 본 여행은 생전 처음이었다.

"활화산이라고 해서 올라가 봤는데, 그렇게까지 새까맣게 탄 풍경일 줄은 몰랐지. 산이 워낙 높잖아, 삼천 미터가 넘는다고 했던가. 바람도 엄청 불고…"

효중은 여행가방에 한약과 한방침을 준비해 왔다. 어느 날 숙소 마당에서 족구 시합을 했는데, 한 친구가 갑자기 넘어지며 다리를 다쳤다. 몸을 제대로 풀지도 않은 채 격하게 뛰다가 허벅지 안쪽에 타박상을 입은 것이다. 그 친구는 제대로 걷지도 못하고 몹시 고통스러워했다. 그때 효중은 조심스럽게 침을 꺼내 들었다. 응급처치로 침을 놓고, 자신이 지어 온 약을 건넸다. 모두가 놀란 것은 다음 날 아침이었다. 다친 친구가 거짓말처럼 회복된 모습으로 식당에 걸어 들어왔기 때문이다.

어느 날인가 기억에는 없지만, 그는 술자리에서 불쑥 이렇게 말했다.

"여행하게 해 줘서 고맙다."

누구든 인생의 주제가 있다. 그 주제는 알록달록하고 화려한 무엇일 수도 있고, 은은하고 멋스러운 색채를 가진 어떤 것일 수도 있지만, 효중은 같은 색으로 쌓아 올린 레고블록처럼 한 가지 길을 묵묵히 걸어가는 친구다.

그는 얼마 전 요양병원으로 자리를 옮겼다. 그는 요양병원의 고요한 복도를 따라 노인들의 느린 걸음에 보폭을 맞추며 하루하루를 쌓아 가고 있다. 에트나의 황량한 바람 속을 묵묵히 걸어갔던 그날처럼, 그의 삶도 그렇게 조용히 나아가고 있다.

화산을 기억하는 이유

 학교 다닐 때, 내 기억에 그는 농구를 잘했다. 농구장에서 보여 주는 화려한 드리블은 비교적 작은 키의 핸디캡을 충분히 커버하고도 남았다. 키가 큰 다른 친구들 틈새를 이리저리 비집고 다니면서 이른바 '스카이 훅 슛'을 날렸다. 처음 보는 기술이었다. 상대편도 기습적인 슈팅에 어리둥절했고 대책 없이 당할 수밖에 없었다. 말 그대로 그는 우리 팀의 에이스였다.

 가끔씩 다른 학교 아이들과 농구시합을 하곤 했는데, 종국은 위기 때마다 머리 위를 가로질러 길게 포물선을 그리며 링에 꽂히는 스카이 훅 슛을 던졌다. 학교에서 정식 농구팀을 만들지는 않았지만, 만일 농구팀을 창단했다면 그는 무조건 주전으로 뛰었을 것이다.

 우리는 내기에서 딴 돈 천 원으로 뿌듯하게 짜장면을 사 먹었다. 가물가물하기는 하지만, 우리 팀이 가을이 올 때까지 게임에서 패했던 기억은 나지 않는다. 제대로 샤워도 하지 못한 채, 우리는 땀에 범벅이

된 채로 게 눈 감추듯 짜장면을 먹어치웠다. 아마 서너 번은 그랬던 것 같다.

  종국은 변호사다. 그는 여행을 즐기는 편이라 그렇게 '바쁜 와중에도' 해외여행을 많이 다니는 친구다. 그에게는 '어디를 가느냐'보다, '누구와 같이 가느냐'가 더 중요했다.

  배 위 갑판에서 갑자기 일어나 춤을 추며 분위기를 띄웠고, 밤마다 술자리를 주도하며 유럽의 전통 치즈안주를 직접 만들어 내오기도 했다. 마당에서 족구 시합을 할 때에도 여전히 녹슬지 않은 운동신경을 보여 주었다. 이 모든 것은 친구들과 함께 있어 가능했던 일이었다고 생각한다.

그도 다른 친구들처럼 에트나 화산이 가장 인상적이었다고 말했다. 아마 화산에서 용암이 터지는 중이라 하더라도 제일 먼저 앞장서서 산에 올라가자고 우리들을 독려했을 것이다. 그 모습이 종국이다.

모험을 즐기고, 그 경험을 친구들과 나누고 싶어 하는 사람. 아마 지금 이 순간에도 어디론가 떠나기 위한 새로운 도전을 준비하고 있을 것이다.

무너지기 전에

 의자가 서서히 뒤로 젖혀지자 형광등 불빛이 눈이 시릴 만큼 강하게 내리꽂혔다. 간호사는 익숙한 손놀림으로 내 얼굴을 천 가리개로 덮었다. 나는 눈을 감은 채, 의사의 목소리를 기억해 보려 애썼다. 몇 개월째 치과에 다니고 있지만, 담당 의사의 얼굴을 제대로 본 기억이 없었다. 내 눈은 눈가리개에 덮여 있었고 의사는 마스크를 쓰고 있었으니 어쩌면 당연한 건지도 몰랐다.

 달그락거리는 쇳소리가 들리자 몸이 반사적으로 움찔거렸다. 주삿바늘이 들어가기 전, 언제나 이 짧은 시간이 가장 긴장되는 순간이다. 윙윙 소리를 내며 돌아가는 기계 소리, 쟁반 위에서 쇠가 부딪히는 소리가 귓가를 두드렸다. 눈을 감고 있는데도 강한 조명 빛이 눈꺼풀을 뚫고 들어오는 듯했다.

 "아~ 하세요."

턱이 아프도록 입을 벌리자, 주삿바늘이 쿡 하고 잇몸에 박혔다. 몸이 반사적으로 움찔거리며 손아귀에 힘이 들어갔다.

"조금 아플 거에요."
"석션."

오늘은 찌르고 난 뒤에 아플 거라고 말했다. 마취 주사는 몇 차례 더 잇몸 이곳저곳을 찔러 댔다. 입안의 침은 흡입기로 제거되었지만, 입가 한쪽으로 계속해서 침이 고였다.
예전엔 치과 치료가 지금처럼 발달하지 않아서, 치아 질환으로 생명을 잃는 일도 드물지 않았다. 작은 충치가 고름으로 번지고, 그 고름이 턱뼈를 타고 번지다가 결국 목숨을 앗아가는 일이 있었다. 항생제도, 국소 마취도 없던 시절, 치통은 사람을 미치게 했고, 견디다 못해 이발사 겸 외과의를 찾아가 이를 뽑았다. 이를 뽑다가 실신하거나 과다출혈로 죽는 일도 있었다.
정호는 평화롭고 한적한 작은 마을에서 오랫동안 치과의사로 살아온 친구다.

"사람들은 대부분 통증이 온 뒤에야 치과를 찾아. 그땐 이미 늦은 거야. 충치가 신경까지 도달한 상태니까, 신경치료나 발치를 해야 해. 신경치료 알지? 잇몸 뿌리 속까지 치료하는 거. 무슨 일이든 예방하는 게

더 쉬운 거 아니야? 아프기도 덜하고."

그는 주위 사람들에게 그렇게 누누이 말하지만, 정작 말귀를 알아듣는 사람은 거의 없다며 웃었다. 그럼에도 그는 언제나 진심으로 환자를 대하는 의사다. 치과를 개원하고 처음으로 긴 여행을 떠날 결심을 했을 때도, 예약이 잡혀 있는 노인 환자들과의 약속 때문에 며칠을 고민했다. 드러나지 않고, 묵직하게 곁을 지키려 하는 것이 그의 스타일이다.

이번 시칠리아 여행길에서, 우리는 그가 환자를 대하듯 정성스레 와인을 고르고, 조용히 친구들의 안부를 챙기는 모습을 볼 수 있었다. 와이너리에서는 운전대를 잡기 위해 스스로 술잔을 들지 않았고, 고대 그리스 극장 계단에서는 아무 말 없이 곁에 앉아 먼 바다를 바라보기도 했다.

우리가 미리미리 치과에 가야 하는 것처럼, 중년이라면 미리미리 여행을 떠나야 한다. 아프기 전에, 곪기 전에, 무너지기 전에, 사랑하는 사람들과 떠나는 여행이야말로 삶이 우리를 소모하기 전에, 스스로에게 건네는 가장 인간적인 처방전이 아닐까.

　우리가 함께 나눈 이 여행이, 누군가에겐 오랫동안 앓아 온 어떤 것을 낫게 하는 치유였기를. 그리고 언젠가 또다시, 아프기 전에 그렇게 훌쩍 떠날 수 있는 날이 다시 돌아오기를.

오랜 친구들과 시칠리아

ⓒ 석훈, 2025

초판 1쇄 발행 2025년 11월 25일

지은이	석훈
펴낸이	이기봉
편집	좋은땅 편집팀
펴낸곳	도서출판 좋은땅
주소	서울특별시 마포구 양화로12길 26 지월드빌딩 (서교동 395-7)
전화	02)374-8616~7
팩스	02)374-8614
이메일	gworldbook@naver.com
홈페이지	www.g-world.co.kr

ISBN 979-11-388-4971-5 (03810)

- 가격은 뒤표지에 있습니다.
- 이 책은 저작권법에 의하여 보호를 받는 저작물이므로 무단 전재와 복제를 금합니다.
- 파본은 구입하신 서점에서 교환해 드립니다.